SAMMLUNG TUSCULUM

In Tusculum, vor den Toren Roms, hatte Cicero sein Landhaus. In Zeiten der Muße, aber auch der politischen Isolation zog er sich dorthin zurück. Tusculum wurde zum Inbegriff für Refugium, für Muße, für wertvolle Fluchten aus einem fordernden Alltag.
In der ersten Phase des Rückzugs aus der Politik schrieb Cicero in Tusculum die so genannten Tuskulanen, eine lateinische Einführung in die Welt der (griechischen) Philosophie.

TM

Wissenschaftliche Beratung
Niklas Holzberg, Rainer Nickel,
Karl-Wilhelm Weeber,
Bernhard Zimmermann

SAMMLUNG TUSCULUM

SAPPHO

GEDICHTE

Griechisch-deutsch

Herausgegeben und übersetzt
von Andreas Bagordo

ARTEMIS & WINKLER

Bibliographische Information
der Deutschen Nationalbibliothek

Die Deutsche Nationalbibliothek
verzeichnet diese Publikation in der
Deutschen Nationalbibliographie;
detaillierte bibliographische
Daten sind im Internet über
http://dnb.d-nb.de abrufbar.

Printed in Germany
ISBN 978-3-538-03507-2
www.artemisundwinkler.de

INHALT

EINLEITUNG

1. Sapphos Leben und kulturelles Milieu

Die Zahl griechischer Dichterinnen bis zur ausgehenden Antike (5. Jahrhundert n. Chr.) ist nicht unbeträchtlich, wiewohl für einige von ihnen nur legendenhafte Konturen überliefert sind, was ihre Existenz fragwürdig erscheinen lässt. Die Teilnahme einer Frau an einem öffentlichen poetischen Wettkampf oder die Aufführung einer Komödie oder Tragödie auf der attischen Bühne durch eine Frau wäre jedoch unvorstellbar gewesen. Es darf also nicht verwundern, dass wir nur von Lyrikerinnen hören – Vertreterinnen einer Gattung, die auch in privaten, geradezu intimen Veranstaltungen innerhalb von Kreisen heimisch war, welche der Außenwelt kaum oder gar nicht ausgesetzt waren und wo im Allgemeinen eher persönliche Töne vorherrschten. Sappho bildet diesbezüglich keine Ausnahme; ihre Gedichte waren für eine kleine, eher geschlossene Gruppe gedacht. Dennoch gilt sie zu Recht als die bedeutendste und einflussreichste Dichterin der gesamten Antike.[1] Ist sie aber auch als die früheste anzusehen? Man hat in einem bei Alkman, einem Lyriker aus dem 7. Jahrhundert v. Chr., erwähnten Mädchen namens Megalostrata (PMGF 59b) eine Dichterin sehen wollen, weil sie mit den Attributen

1 Eine detailliertere Behandlung findet sich in A. Bagordo, Sappho, in: B. Zimmermann (Hg.), Geschichte der griechischen Literatur, Bd. 1 (Handbuch der Altertumswissenschaft), München 2010.

einer Dichterin charakterisiert wird: Sie wird »selig unter den Frauen« genannt und soll »diese Gabe der süßen Musen vorgeführt« haben. Wie dem auch sei, Sappho bleibt die erste historisch bezeugte Dichterin. Sie galt bereits in der Antike als »die Dichterin schlechthin«, so wie Homer »der Dichter schlechthin« war, um es mit Galen (2. Jahrhundert n. Chr.) zu formulieren.

Sappho wurde in Eresos auf der Insel Lesbos geboren. Das wichtigste biographische Zeugnis ist ein Fragment aus einem Oxyrhynchos-Papyrus (POxy. 1800 Fr. 1 = Test. 252 Voigt), das unter Berufung auf den Traktat »Über Sappho« des Peripatetikers Chamaileon (Fr. 27 Wehrli) ihre Herkunft aus Mytilene beteuert, als Vaternamen Skamandros (bzw. Skamandronymos) angibt, ihr drei Brüder zuweist – Larichos, Eurygios und den aus Herodot II 135 und Strabon 17,1,33 bekannten Charaxos – und feststellt, dass ihre auch in den poetischen Fragmenten bezeugte Tochter den Namen Kleïs trug, wie bereits Sapphos Mutter. Außerdem sei Sappho *ataktos* (»ungepflegt«) und eine *gynaikerastria* (»Frauenliebhaberin«) gewesen, im Aussehen ziemlich hässlich und klein. Kaum lesbar sind im Papyrus die Angaben zu ihren Werken, die sie im Lesbischen (dem Dialekt ihrer äolischen Heimatinsel Lesbos) verfasste: neun Bücher lyrischer Gedichte, dazu Elegien und anderes. Ihre Geburt wurde um 650 v. Chr. angesetzt, unter Berücksichtigung der oben genannten Herodot-Stelle, wonach die »Blütezeit« der Hetäre Rhodopis in die ersten Jahre der Herrschaft des ägyptischen Pharaos Amasis (569–526 v. Chr.) zu setzen sei, während sie bereits um 590 von Sapphos Bruder Charaxos, ihrem Liebhaber, freigekauft worden sei (vgl. Fr. 5 und 15b Voigt). Mit diesem Profil stimmt in vielem der *Suda*-Artikel überein (Test. 253 Voigt), wo noch folgende Angaben enthalten sind: acht mögliche Namen für ihren Vater, einer (Kleïs) für ihre Mutter, Eresos als Herkunftsort, ferner Alkaios, Stesichoros und Pittakos als Zeitgenossen und als Ehemann der reiche Kerkylas aus Andros.[2] Atthis, Telesippa und Megara werden als Freundinnen genannt, die mit ihr angeblich in homoerotischen Beziehungen verbunden waren, sowie als Schülerinnen Anaktoria aus Milet, Gongyla aus Kolophon und Euneika aus Salamis. Im *Marmor Parium* (Test. 251 Voigt) ist von einer Verbannung nach Sizilien die Rede, die in die Jahre zwischen 604/3 und 596/5 angesetzt wird, was eher zu einer Datierung ihrer Geburt um das Jahr 630 führen würde.

Sappho und ihr Zeitgenosse Alkaios sind als äolische bzw. lesbische Lyriker Vertreter einer erstrangigen poetischen Tradition, die auf der Insel Lesbos und in der äolischen Kultur bereits vor ihnen bestand. Bezeichnend für das Selbstbewusstsein dieser Überlegenheit sind Sapphos Worte in Fr. 106 Voigt: »weit überragend, so wie der Sänger aus Lesbos, als er den Fremden …«. Dieser Vers gewährt uns nicht nur einen Blick auf die kleinasiatischen Küsten der Ägäis, mit denen Lesbos

2 Es handelt sich höchstwahrscheinlich um einen fiktiven (und witzig gemeinten) Namen: *kerkos* kann »männliches Glied« bedeuten und Andros heißt die »Insel der Männer« – eine ironische Angelegenheit für eine Dichterin, die wie keine andere mit einer weiblichen Welt verbunden wird.

von seiner strategischen Position aus, wie auch Sappho selbst reichlich bezeugt, intensive kulturelle und wirtschaftliche Beziehungen unterhielt – ihr Bruder Charaxos handelte z. B. mit Wein in Naukratis, dem griechischen Handelsplatz an der ägyptischen Küste (vgl. Test. 254b Voigt) –, sondern er lässt uns auch rege poetisch-musikalische Wettkämpfe erahnen, in denen sich der »Sänger aus Lesbos« durch seine Technik und den Stolz einer beeindruckenden Schule auszeichnete. Von Alkaios hingegen besitzen wir ein einzigartiges zeitgenössisches Zeugnis über den Status von Sappho selbst: In Fr. 384 Voigt wird sie von Alkaios mit den Worten »o Sappho, mit Veilchenkranz [oder -haar], ehrwürdig, mit honigsüßem Lächeln« angeredet. Alle drei Epitheta verweisen eindeutig auf eine sakral-kultische Sphäre: Das zweite steht hier für »ehrwürdig, *veneranda*«, das erste reflektiert die mit dem Aphrodite-Kult verbundene Blumensymbolik, das dritte erinnert an das homerische Epitheton für Aphrodite, *philommeides* (»holdanlächelnd«), wobei die Honigsüße zu Sapphos Liebessprache gehört, und zwar wiederum mit speziellem Bezug auf Aphrodite.[3] Diese kultische Valenz lässt an eine Hommage denken, die eher zum sakralen und ehrwürdigen Status einer Aphrodite-Priesterin passen würde als zur Leiterin eines »Mädchenpensionats«, als die man Sappho ebenfalls sehen wollte.

Mit Sappho und Alkaios befinden wir uns in einer so frühen Epoche der griechischen Literatur, dass die homerischen

3 Vgl. B. Gentili, La veneranda Saffo, QUCC 2, 1966, 37–62 (= Poesia e pubblico nella Grecia antica, Roma – Bari 1989², 285–294).

Epen *Ilias* und *Odyssee* die nahezu einzig belegbaren und (vollständig) erhaltenen poetischen Werke sind, die noch früher zu datieren sind. Wird also nach möglichen literarischen Folien für Sappho gesucht, so besteht die einzige für uns noch verifizierbare Möglichkeit in einer Auseinandersetzung mit der homerischen Welt und Dichtung. Von der Beziehung zur homerischen Welt wurde behauptet, Sappho singe von Liebe und Ehe ungefähr so, wie in der *Ilias* von Krieg und Heldentum gesungen werde. Bei Sappho eine symmetrische Verkehrung der homerischen Stoffe zu sehen, erscheint gar nicht so abwegig: Demnach würde sie Aphrodites weiblich konnotierten Bereich klar von jenem des Ares trennen, wofür u. a. das Verhältnis ihres Aphrodite-Hymnus (Fr. 1 Voigt) zum 5. Gesang der *Ilias* sprechen würde, wobei Aphrodite an die Stelle von Athene träte, Sappho selbst an die des homerischen Helden Diomedes.[4]

2. *Die Welt des Thiasos*

Der konkrete Hintergrund für Sapphos poetische Tätigkeit läuft zumeist unter dem Begriff »Thiasos«, worunter wir eine institutionell verankerte Gemeinschaft (oder Gruppe) verstehen, die aus Mädchen bestand und in der Sappho eine – frei-

4 Vgl. J. Svenbro, La stratégie de l'amour. Modèle de la guerre et théorie de l'amour dans la poésie de Sappho, Quaderni di Storia 19, 1984, 57–79.

lich nur aus ihren Gedichten zu erschließende – Leitposition zukam.[5] Solche Kreise und Gemeinden hat es in der männlichen wie in der weiblichen Welt der griechischen Antike nicht selten gegeben. Männliche Kreise waren zum Beispiel im archaischen Sparta sehr präsent, und die so genannte »dorische Knabenliebe« diente in der Beziehung von *erastes*, »Liebhaber«/Erzieher, und *eromenos*, »geliebter Knabe«/ Lehrling, auch zur Stärkung der gesamten Gesellschaft und zur Vermittlung grundlegender Werte zwischen den Generationen. Ähnliches gilt für die in viel geringerem Maße bezeugten weiblichen Kreise. Im so genannten Louvre-Partheneion, einem Lied des archaischen Lyrikers Alkman (PMGF 1 = 3 Cal.), haben wir einen Chor von Mädchen, die ihre Schönheit gegenseitig loben und die durch eine homoerotische Liebe miteinander liiert zu sein scheinen. Auch hier wäre eine durch Liebesbeziehungen bekräftigte erzieherische Funktion nicht unvorstellbar. Es handelte sich jedenfalls um Institutionen, die über einen fest verwurzelten Status in der griechischen Gesellschaft verfügten. Vermutlich gab es sogar Formen von gleichgeschlechtlichen Eheschließungen; als Beleg dient der Ausdruck *synzyx* (»unter dem gleichen Joch«, metaphorisch für »verheiratet«), mit dem ein Papyrus-Kommentar (Fr. 213 Voigt) auf das Verhältnis zwischen Sapphos Rivalin Gorgo und deren Mädchen hinweist.

5 Gegen das traditionelle Bild von Sappho und ihrem Kreis vgl. H.N. Parker, Sappho Schoolmistress, TAPhA 123, 1993, 309–351.

Die Existenz solcher Gemeinschaften ließ sich noch im 20. Jahrhundert beobachten: Simone de Beauvoir etwa berichtet in *La force des choses* (1963; dt. *Der Lauf der Dinge*) von einer chinesischen Freundin, die in Kanton und in Singapur oft mit derartigen Frauengemeinden in Kontakt gewesen war: Darin sei Homosexualität die Regel, bisweilen sogar in homosexuellen Ehen formalisiert gewesen, wobei die Frauen die Gemeinde auch verlassen und einen Mann heiraten durften; sie hätten ferner eine eigene Göttin gehabt, die sie in eigenen Riten verehrten. Dass die weibliche Welt auf Lesbos im 7. Jahrhundert v. Chr. durchaus lebendig war, zeigt auch Alkaios in Fr. 130,30 ff. Voigt, wo die Rede von einem Schönheitswettbewerb unter Mädchen anlässlich einer Feier ist. Für den Kreis um Sappho ist der Name »Thiasos« erst spät überliefert, während der Begriff *hetaireia* (*hetaira* steht für »Freundin, Gefährtin«) aus den sapphischen Fragmenten besser zu erschließen wäre:[6] So spricht Sappho etwa in Fr. 160 Voigt von ihrem intendierten Publikum: »Nun werde ich dieses schöne Lied anstimmen, um meine Gefährtinnen zu erfreuen.« In diesem »Kreis« – das ebenso neutrale »Gruppe« wird ebenfalls verwendet –, verbrachten die jungen Mädchen eine längere Zeit. Einige der bei Sappho bezeugten Mädchennamen lassen erahnen, dass die Mädchen sogar aus ferneren Ländern zu Sappho gelangten, um sich deren Kreis anzuschließen. Sie blieben bei Sappho, bis sie heirateten und damit endgültig aus dem Kreis austraten: Bei dieser Gelegenheit wurde gewöhn-

6 Vgl. M.L. West, Burning Sappho, Maia n.s. 22, 1970, 307–330.

lich für das Mädchen ein Epithalamion (»Hochzeitslied«) komponiert, das somit zugleich die Funktion eines Abschiedslieds erfüllte. Diese Lieder, die Sappho beim Austreten eines Mädchens zum Trost von dessen bester Freundin gedichtet haben soll, wurden später auch als Trostlieder bezeichnet.

Obwohl die Insel Lesbos und ihre Einwohnerinnen von der Antike bis zur byzantinischen Zeit (12. Jahrhundert n. Chr.) niemals explizit mit der weiblichen Homosexualität in Zusammenhang gebracht wurden – bei Anakreon oder in der Komödie deutete eine Verknüpfung mit Lesbos meistens auf Fellatio hin –, lassen sich homoerotische Tendenzen innerhalb der sapphischen Gruppe an einigen Stellen nicht leugnen (Fr. 94,23, Fr. 126 und Fr. 213 Voigt). Der einzige Unterschied zwischen Sapphos Kreis und den männlichen Gruppen bestand wohl darin, dass Sappho als einzige ältere Frau individuelle Beziehungen zu allen oder wenigstens einigen Mädchen pflegte, während in der Männergemeinde jeder männliche Liebhaber in der Regel nur einen einzigen Geliebten hatte. Daraus wurde der Schluss gezogen, dass die homoerotischen Beziehungen wie auch Musik, Tanz, Kult und Kosmetik einfach zum weiblichen Erziehungsprogramm gehörten und dass sie einen initiatorischen Status haben konnten, wobei die Mädchen, einmal aus der »Schule« getreten, innerhalb der Ehe natürlich nur noch die heterosexuelle Liebe gekannt hätten.[7] Andererseits ist es eher unwahrscheinlich, dass die besten

7 Vgl. C. Calame, Les chœurs de jeunes filles en Grèce archaïque, Roma 1977, II 427 ff.

Familien von Lesbos und Ionien ihre Töchter in eine »school of sexual technique« schickten: Dieses Element muss also in Sapphos Kreis gegenüber anderen Aspekten eine untergeordnete Rolle gespielt haben.[8] Sapphos Thiasos wurde u. a. als ein Ort gesehen, in dem die Mädchen eine Zeit der Bildung und Vorbereitung auf das Eheleben verbrachten, wobei diese Form der *parthenophilia* (»Mädchenliebe«) das nahezu genaue Pendant zur dorischen Knabenliebe (*paidophilia*) wäre.[9] Die Erörterung von Sapphos Homosexualität ist jedoch nicht älter als zwei Jahrhunderte; die Antike interessierte sich kaum dafür: Was in der Antike an Sappho auffiel, war vielmehr die ungewöhnlich große Rolle, welche die Erotik überhaupt in ihrer Dichtung spielte, und dies hatte u. a. zur Folge, dass sie eher als eine »Dirne« betrachtet wurde (in der Nebenbedeutung von *hetaira*; vgl. *Hetäre*).

Zwar verfügen wir über keine direkten und unumstrittenen Beweise für kultische Riten im Rahmen des sapphischen Thiasos – worauf sich aber Himerios, ein Schriftsteller aus dem 4. Jahrhundert n. Chr., beziehen könnte, wenn er von »Aphrodites Riten« auf Lesbos spricht –, doch die Fragmente von Sappho selbst weisen viele Elemente auf, die auf einen kultischen Zusammenhang schließen lassen. In ihren Gedichten finden sich außerdem vermeintliche Zauber- und Ritualelemente, die jedoch vorrangig auf den mündlichen Vortrag und

8 Vgl. K. J. Dover, Greek Homosexuality, London 1978.

9 Vgl. R. Merkelbach, Sappho und ihr Kreis, Philologus 101, 1957, 1–29.

somit auf Faktoren wie Klangeffekte und Gestik zurückzuführen sind.[10]

Männliche und weibliche Welten waren im alten Griechenland deutlich getrennt und die Rolle der Frau war ziemlich eng umrissen und festgelegt. Alkaios und Sappho lebten zur selben Zeit auf derselben Insel. Vergleicht man jedoch die Fragmente der beiden miteinander, so könnte man denken, die Insel sei durch eine Mauer geteilt gewesen: Im einen Sektor war das Leben von konkurrierenden Cliquen und Parteigruppen beherrscht, von Zivilkämpfen und Aufständen, Tyrannen und Demagogen; in der Freizeit dominierten dort Zechen und Belustigung – in einem Wort: eine Männerwelt. Im anderen Sektor dagegen herrschten Veilchenkränze, glänzendes Myrrhenöl und weiche Betten – in einem Wort: eine Frauenwelt. So sah es anscheinend auch Horaz (*c.* II 13, 22 ff.): *Aeoliis fidibus querentem | Sappho puellis de popularibus, | et te sonantem plenius aureo, | Alcaee, plectro dura navis, | dura fugae mala, dura belli* – also ein Mädchenschwarm für die Lesbierin, Krieg und Exil für den Lesbier.

Bei genauerer Betrachtung weist der sapphische Thiasos vielleicht mehr Gemeinsamkeiten als Unterschiede mit dem männlichen Symposion auf: Unterhaltung, Musik, Gesang, Essen, Trinken und Liebe sind nämlich in beiden Fällen reichlich vorhanden. Das Bild mag also etwas artikulierter sein: So können wir etwa aus einer Erwähnung der Frauen, die dem alten Adelsgeschlecht der Penthiliden angehörten (Fr. 71,3

10 Vgl. Ch. Segal, Eros and Incantation: Sappho and Oral Poetry, Arethusa 7, 1974, 139–160.

Voigt), folgern, dass auch Sapphos Gruppe mit einer bestimmten Familie bzw. Partei in irgendeinem Zusammenhang stand. Sappho selbst musste ins Exil gehen. Ein weiteres Indiz für eine politische Bedeutung wenigstens ihrer Herkunftsfamilie bietet ein Hinweis in Fr. 5 Voigt, einem Lied für ihren Bruder Charaxos. Doch stehen solche Stoffe bei ihr, anders als bei Alkaios, natürlich nicht im Vordergrund. Andererseits hat es im »Männergemach« auch nicht an kultischen Elementen gefehlt: Unter den Alkaios-Fragmenten finden sich ein Hermes-Hymnus (Fr. 308 Voigt) und ein Dionysos-Hymnus (Fr. 349 Voigt); Hymnen- bzw. Gebetscharakter haben auch Fr. 307 Voigt (ein Paian an Apollon), Fr. 296b Voigt (ein Gebet an Aphrodite), Fr. 303 Voigt (ein Gebet an Apollon), Fr. 69 Voigt (ein Gebet an Zeus), Fr. 325 Voigt (ein Gebet an Athene) und Fr. 34 Voigt (ein Dioskuren-Hymnus). Bei Sappho wiederum sind auch Männergestalten anzutreffen: In einem Fragment (Fr. 121 Voigt) ist ein Mann sogar der (zumindest fiktive) Adressat des Liedes. Eine männliche Präsenz ist auch in Fr. 102 Voigt zu spüren, das sich wie ein Arbeitslied anhört, während in Fr. 168a Voigt von einem Mädchen ironisch gesagt wird, sie stehe auf junge Männer noch mehr als der lokale Dämon.

3. *Publikum und Performance*

Bei Sappho ist der Lyrikforscher mit heiklen Aspekten konfrontiert: einem Textbestand in Trümmerform, einer Überlieferung dieser Trümmer, die nicht unbedingt nach rationalen

Kriterien erfolgte, sowie dem Verlust ursprünglicher Bestandteile wie der Musik und – im Fall der chorischen Lyrik – des Tanzes. Die antiken Theoretiker wussten – innerhalb der Lyrik – zwischen Elegie und Iambos einerseits und Melik andererseits zu unterscheiden. Unter Iambos und Elegie verstanden sie Gedichte, die in klar markierten, wiederkehrenden Versen in der Form eines rezitativen Vortrags präsentiert wurden; Dichtung hingegen, die zur begleitenden Musik nicht rezitiert, sondern vollständig gesungen wurde – und oft auch für den Tanz gedacht war –, hieß Melik (von *melos*, »Lied, Gesang«). Dazu gehört auch Sapphos Dichtung, sodass wir unter Gattungsgesichtspunkten von Sappho als Lyrikerin oder, noch spezifischer, als Melikerin sprechen können.[11] Im Unterschied zu den homerischen Epen mit ihrer Mündlichkeit von Komposition und Überlieferung ist der lyrischen Produktion eine »aurale« Dimension zuzurechnen, wobei »Auralität« eine Koexistenz von Schriftlichkeit der Komposition und Mündlichkeit der Überlieferung und des Vortrags voraussetzt: Eine mündliche Komposition von Lyrik ist wegen der nahezu fehlenden Formelhaftigkeit und der Komplexität der Rhythmik eher auszuschließen, während die Mündlichkeit in den nächsten Schritten nach der Komposition – Vortrag, Publikation und Weitertradierung – ins Spiel kommt. Auf

11 Eine Behandlung der gesamten frühgriechischen Lyrik findet sich bei A. Bagordo, Lyrik, in: B. Zimmermann (Hg.), Geschichte der griechischen Literatur, Bd. 1 (Handbuch der Altertumswissenschaft), München 2010.

einer Hydria aus dem National-Museum Athen, datiert um 440 v. Chr., wird Sappho dargestellt, wie sie sich auf einen poetischen Auftritt vorbereitet und dabei ihre eigenen Verse mit Hilfe eines Buches memoriert. Dazu wurde trefflich bemerkt, dass Verse in der lyrischen Dichtung, anders als im Epos, nicht durch ähnliche Verse ersetzt werden durften. Auf dieser Vase wäre also nichts anderes zu sehen als die figurative Darstellung der Zuhilfenahme der Schrift bei der Komposition von lyrischer Dichtung – womit die »aurale Dimension« der Lyrik auch archäologisch bezeugt wäre.

Einige Fragmente zeigen, dass Sappho zuversichtlich mit ihrem dichterischen Nachruhm rechnete (vgl. Fr. 32, 55 und 147 Voigt), und im lückenhaften Fr. 65 Voigt verspricht ihr Aphrodite selbst – nach einer plausiblen Rekonstruktion – »überall Ruhm«. Waren Sapphos Gedichte also für ein breiteres Publikum gedacht? Mit höchster Wahrscheinlichkeit können wir eine Art Selbstbeauftragung feststellen. Pindar indes und allgemein die Chorlyriker hatten in späterer Zeit Auftraggeber, die bei ihnen etwa ein Siegeslied bestellten und dafür bezahlten. Was hatte Sappho? Die Adressaten waren, soweit wir sehen, die Mädchen des Thiasos: Haben etwa die Herkunftsfamilien der Mädchen Sappho für ihre Dienste bezahlt? Darüber wissen wir nichts, aber es lag nicht unbedingt nahe. Ebenso unwahrscheinlich ist, dass Sapphos Lieder von den Familien in Auftrag gegeben wurden, deren Töchter dort eine musikalisch-poetische Erziehung erhielten. Wenn Sappho also tatsächlich ihre eigene Auftraggeberin war, wie vermutet wurde, verhielt es sich dann bei möglichen Aufführungen in der Öffentlichkeit, etwa von Epithalamien oder anderen Liedern, anders? Auch hier tappen wir im Dunkeln. Es fehlen uns jene textinternen Bezüge, über die wir zum Beispiel bei Pindar reichlich verfügen. In den Epithalamien, die einen beträchtlichen Teil von Sapphos Textcorpus bilden und die vermutlich von einem Chor gesungen wurden, sehen wir ein konkretes Beispiel für die so genannten »pragmatischen« Aspekte der Lyrik: Sappho dichtete, weil sich ihr ein präziser (sozialer) Anlass bot, eine Gelegenheit, der sie sich als Musenbegabte nicht entziehen konnte. In einem interessanten Lied in Dialogform, einer Art Kultdrama für ein Fest zu Ehren des Adonis (Fr. 140 Voigt), singen die Chormädchen zu Aphrodite: »Es stirbt, Kytherea, der zärtliche Adonis: was sollen wir tun?« und Aphrodite, hinter der wir vielleicht Sappho selbst sehen müssen, antwortet: »Schlagt euch die Brust, Mädchen, und zerreißt eure Gewänder.« Hier ist vielleicht eine gesellschaftliche Rolle zu erkennen, die Sapphos Gruppe erfüllt hat: Komposition, Einübung und öffentliche Aufführung von Liedern, die für ein öffentliches Fest vor einem breiteren Publikum bestimmt waren.[12]

Die Vermittlung der Dichtkunst innerhalb des Kreises wird auch eine Rolle gespielt haben, wie wir aus Fr. 56 Voigt und am deutlichsten aus Fr. 150 Voigt schließen können. Bei einem lexikalisch und gedanklich anspruchsvollen, ja komplizierten Lyriker wie Pindar werden selbst die aufmerksamsten Hörer seiner öffentlichen Aufführungen schwerlich den gan-

12 Zu Anlass, Publikum und Aufführung vgl. F. Ferrari, Il pubblico di Saffo, SIFC 4ª ser. 1, 2003, 42–89.

zen Wortlaut deutlich erkannt haben – schließlich lenkten außerpoetische Faktoren wie Musik und Tanz den Zuhörer zusätzlich ab. Dagegen liegt es nahe, dass von Sapphos Liedern, deren formale Klarheit und rhythmische Einfachheit rezeptionsmäßig auch durch das intime Ambiente des »Frauengemachs« begünstigt wurden, die Mädchen wohl jedes einzelne Wort vernommen und geschätzt haben – schließlich galt dieses aufmerksame Zuhören für sie nicht nur der reinen Unterhaltung, sondern wohl auch der eigenen poetisch-musikalischen Schulung.

Unter den hier angedeuteten pragmatischen Aspekten der Lyrik, welche erst vor etwa vier Jahrzehnten neue bzw. bis dahin kaum beachtete Begriffe wie Performance (Aufführung), Publikum, Kommunikation, Interaktion, Funktion, Milieu, Produzent und Rezipient in die Lyrikforschung eingehen ließen,[13]

13 Angeregt wurde die pragmatische Deutung der Lyrik durch B. Gentili, L'interpretazione dei lirici greci arcaici nella dimensione del nostro tempo, QUCC 8, 1969, 7–21; diese Ideen wurden erst Anfang der 1980er Jahre in die deutsche Lyrikforschung eingeführt (grundlegend W. Rösler, Dichter und Gruppe. Eine Untersuchung zu den Bedingungen und zur historischen Funktion früher griechischer Lyrik am Beispiel des Alkaios, München 1980, und W. Rösler, Die frühe griechische Lyrik und ihre Interpretation. Versuch einer Situationsbeschreibung, Poetica 16, 1984, 179–205); vor der Gefahr einer Überbetonung der pragmatischen Tendenzen warnte J. Latacz, Zu den ›pragmatischen‹ Tendenzen der gegenwärtigen gräzistischen Lyrik-Interpretation, Würzburger Jahrbücher 12, 1986, 35–56, der ihre Verdienste durchaus anerkannte, sich jedoch gegen eine zu radikale Hintanstellung ästhetischer Werte aussprach.

ist vor allem die Miteinbeziehung der Orte und Gelegenheiten zu verstehen, an denen die poetische Aufführung erfolgte, mitsamt der konkreten (nicht imaginären) anlassgebundenen und zweckbestimmten Anrede an ein ebenso konkretes Publikum, wobei die Einzigartigkeit der Lyrik in ihrem greifbaren Gegenwarts- und Situationsbezug besteht. Die Aspekte der Performance (ein besserer Begriff als »Aufführung«), die den externen Rahmen für die pragmatische Dimension der Lyrik bieten, sollen folgende Fragen beantworten: Welches Lied wurde an welchem Ort und bei welcher Gelegenheit, aus welchem Anlass, durch welchen Produzenten bzw. Performer und für welchen Rezipienten gesungen? Die pragmatischen Aspekte sind für die Lyrikforschung insofern bestimmend, als sich der Situationsbezug unmittelbar in sprachlichen Mitteln wie den deiktischen Wörtern (Zeigwörtern, nach der Terminologie von Karl Bühler) wie »jetzt«, »hier« und »dort«, »dieser« und »jener« auswirkt: es handelt sich dabei um örtlich-zeitliche Koordinaten, die sich in erster Linie an das Publikum der Lyrik richten, bei dem eine ausführlichere Beschreibung des vertrauten gegenwärtigen Kontextes überflüssig war. Die Gewichtung solcher sprachlich-pragmatischer Phänomene hat in der Forschung vielleicht zu einer allzu starken Polarisierung geführt zwischen der Gleichsetzung von »Demonstratio ad oculos« (dessen, was der Dichter in der Realität noch vor sich hatte) und »frühgriechischer Lyrik« einerseits sowie »Deixis am Phantasma« (also dessen, was sich der Dichter in seiner Imagination einbildet) und »späterer Leselyrik« (z. B. bei Kallimachos oder Catull) andererseits.[14] Diesbezüglich lohnt es sich, Sapphos berühmtes und vieldiskutiertes »Eifersuchtsgedicht« (Fr. 31 Voigt) heranzuziehen – berühmt vor allem wegen der Imitation durch Catull (*Ille mi par esse deo videtur* ...). Hierhin gehört eigentlich auch die Debatte um das so genannte »lyrische Ich«: Während die deutschsprachige Tradition eher durch die drei »natürlichen Formen« der Dichtung von Goethes Poetik und durch den Positivismus des 19. Jahrhunderts geprägt ist, der sich in einer *biographischen* Interpretation der frühgriechischen Lyrik widerspiegelt, sowie durch die Perspektive der »Geistesgeschichte« in der Form einer »Entdeckung des Individuums« (B. Snell, H. Fränkel, W. Schadewaldt), entschied sich die anglo-amerikanische Tradition auf den Spuren der literaturtheoretischen Ansätze von T. S. Eliots »Impersonal Theory of Poetry« für den so genannten »New Criticism«, dem zufolge alles, was die antiken Dichter komponierten, als fiktiv zu deuten sei und mit der Realität kaum etwas zu tun habe. Besonders ertragreich für die frühgriechische Lyrik erschien indes eine dritte, funktionshistorische Position, nach der man nicht an einer rigiden Alternative bezüglich des »Ichs« *entweder* als realer Person *oder* als poetisch-fiktiver Person festhalten dürfe, um den Wert des »Ichs« in der griechischen Lyrik zu verstehen, sondern nach der Funktion fragen müsse, welche die

14 Vgl. die Debatte zwischen W. Rösler, Über Deixis und einige Aspekte mündlichen und schriftlichen Stils in antiker Lyrik, Würzburger Jahrbücher 9, 1983, 7–28, und J. Latacz, Zu den ›pragmatischen‹ Tendenzen der gegenwärtigen gräzistischen Lyrik-Interpretation, ebd. 12, 1986, 48 ff.

Literatur in ihrem menschlichen Epochenkontext innehatte, sowie nach den Mitteln ihrer Verbreitung.[15]

4. Sapphos erhaltene Fragmente

Im Hymnus an Aphrodite (Fr. 1 Voigt), der die alexandrinische Sappho-Edition als erstes Lied des ersten Buchs eröffnete, wendet sich die Dichterin in der ersten Person an Aphrodite und bittet sie, ihre Seele vom Liebeskummer zu befreien und ihr als Verbündete beizustehen. Im Florentiner Ostrakon (Fr. 2 Voigt), einer ursprünglich wohl aus fünf Strophen bestehenden Ode, die wohl zu Schulzwecken auf eine Tonscherbe eingeritzt wurde, wird eine Labung bietende Naturlandschaft raffiniert dargestellt, die aus einem Heiligtum, Weihrauch verströmenden Altären, einem Hain mit Apfelbäumen, strömendem Wasser, schattigen Rosen, dem einschläfernden Rascheln der Blätter und einer durch eine leichte Brise erfrischten und

15 Vgl. W. Rösler, Persona reale o persona poetica? L'interpretazione dell' io nella lirica greca arcaica, Quaderni Urbinati di Cultura Classica 48, 1985, 131–144, und B. Gentili, L'»io« nella poesia lirica greca, in: Lirica greca e latina. Att del Convegno di studi polacco-italiano, Pozna 2–5 maggio 1990 = AION(filol) 12, 1990, 9–24; eine weitere Position vertritt S.R. Slings, The I in Personal Archaic Lyric: An Introduction, in: S.R. Slings (Hg.): The Poet's I in Archaic Greek Lyric (Proceedings of a Symposium held at the Vrije Universiteit Amsterdam), Amsterdam 1990, 1–30, wonach das lyrische Ich das Ich des Performers ist, das sich zwischen den Extremen des biographischen und des fiktiven Ichs bewegt.

frühlingshaft blühenden Wiese mit weidenden Pferden besteht, wobei die am Ende angeredete Kypris (Aphrodite) aufgefordert wird, Nektar in goldene Schalen einzuschenken. Die enge und intime Welt des Thiasos konnte also gelegentlich in der Öffentlichkeit auftreten: Wie das Fragment zeigt, durften die Mädchen den Tempel und den heiligen Hain Aphrodites besuchen, um auf die Epiphanie der Göttin zu warten (unklar ist, ob sich die nächtlichen Feiern, die *pannychides*, in Fr. 23 und 30 Voigt auf die Mädchen des Thiasos beziehen). In der vermeintlichen Erwähnung Kretas in V. 1 haben einige einen – wenig wahrscheinlichen – Aufenthalt Sapphos auf dieser Insel erkennen wollen. In Fr. 5 Voigt bittet Sappho Aphrodite und die Nereiden, ihren Bruder Charaxos heil nach Mytilene zurückkehren zu lassen, nachdem er sich seine Wünsche erfüllt habe. (Zu Charaxos erzählt Herodot II 134 f., er sei zum Weinhandel nach Naukratis in Ägypten gereist, habe sich dort aber in die Hetäre Rhodopis verliebt, für die er ein großes Vermögen verprasst habe – was ihm seine Schwester in Fr. 15b, 9–12 Voigt vorwirft; hier wird Rhodopis allerdings Doricha genannt.) Der Schluss ist wohl ein Gebet an Kypris, Charaxos bei der Rückfahrt von Stürmen zu verschonen. Das Fragment enthält wohl auch einen Hinweis auf die politische Bedeutung von Sapphos Familie, besonders in den Worten über den Bruder in V. 5 ff.

Eines der einflussreichsten Sappho-Lieder, Fr. 16 Voigt, beginnt mit der berühmten Priamel, in der als Beispiel für die Überlegenheit der Liebe in der Welt die mythische Figur der Helena gewählt wird, die außer ihrem Mann auch das

Kind und die Eltern vergaß, um ihrer Liebe zu folgen – ein Gedanke, der Sappho an die nunmehr ferne Anaktoria erinnert, ein Mädchen aus Milet, das den Thiasos verlassen haben soll. In Fr. 22 Voigt finden wir die vier in Sapphos Dichtung relevantesten Aspekte versammelt (Kult, Musik, Liebe und Mode): Die redende Person fordert Kleanthis, ein Mädchen, auf, Gongyla, ein anderes Mädchen, mit der Pektis (einem Saiteninstrument) zu besingen, solange das (erotische) Verlangen sie ergreife, denn Kleanthis sei so schön und ihr Gewand habe Gongyla bereits beim Anblick durcheinander gebracht (hier wird für die Wirkung des Kleides auf das Mädchen dasselbe Verb benutzt wie für die Wirkung beim Anblick des Mannes im so genannten »Eifersuchtsgedicht«, Fr. 31 Voigt). Idiomatisch könnte auch der Ausdruck »du brätst uns« in Fr. 38 Voigt gewesen sein, eine Metapher der Liebessprache, die in der hellenistisch-römischen Dichtung einen gewissen Erfolg haben sollte. Das »Eifersuchtsgedicht« (Fr. 31 Voigt), das wir besser »Liebessymptomgedicht« nennen sollten, ist mit seiner Liebessymptomatik schon immer das meistgelesene, meistrezipierte und in der Forschung meistdiskutierte Lied nicht nur Sapphos, sondern vielleicht der ganzen antiken Lyrik gewesen. Unter den zahlreichen Deutungen dieses immer noch kontrovers diskutierten Gedichts seien folgende erwähnt, welche die moderne Sappho-Forschung mitgeprägt haben: Snell erkannte in dem Gedicht, wie bereits Wilamowitz, die Merkmale eines Hochzeitslieds, u. a. den vermeintlichen Makarismos im Ausdruck »gleich den Göttern«, also »glücklich wie ein Gott« – eine These, die er später zum Teil revidierte. Darauf reagierte Barigazzi mit dem richtigen Argument, dass solche Leidenschaftsausbrüche mit einem Epithalamion inkompatibel seien, wobei er zugesteht, dass die Akteure des Gedichts ein Mann und eine Frau sind, welche mit ihrem Verhalten Sapphos Eifersucht sowie ihre Selbsttröstung veranlassen. Nach Privitera befindet sich Sapphos Liebe in einer noch geheimen, aber schon unglücklichen Anfangsphase. Marcovich weist die These der Beschreibung einer Panikattacke zu Recht zurück und denkt selbst an eine Liebeserklärung an das Mädchen. Tsagarakis findet die bei Sappho beschriebenen Symptome in griechischen Volksliedern wieder und kommt zu dem Schluss, die redende Person – also nicht unbedingt Sappho – identifiziere sich mit dem sitzenden Mädchen und leide darunter, dass sie sich nicht wie diese der Gesellschaft eines Mannes erfreuen könne, der sie heiraten werde. Race findet Parallelen zur Kontrastfigur, bei Sappho dem Mann, u. a. bei Ibykos (PMGF 286) und Pindar (Fr. 123 Sn.–M.). Di Benedetto zeigt die vielen Parallelen zu Sapphos Symptomatik in der hippokratischen Medizinsprache. In der Debatte über Realitätsbezug und Imagination zwischen Latacz, der an reine Imagination der Szene durch Sappho denkt, und Rösler, der eine Kombination von imaginiertem Bild (am Anfang, wo der Mann erscheint, der das Mädchen geheiratet hat) und realer Ansprache an das Mädchen (in der letzten Strophe) sieht, erscheint mir Letzteres artikulierter und wahrscheinlicher.

In Fr. 44 Voigt, einem mythologischen Fragment, werden die Vorbereitungen auf die Hochzeit von Hektor und Andromache mit großem Detailreichtum und in jedem Aspekt des feierlichen Rituals samt Opfern und Gesängen geschildert, was sich gut mit einem realen Epithalamion vereinbaren lässt, wobei die aktuelle Verknüpfung mit der wohl bevorstehenden Hochzeit eines Mädchens aus Sapphos Thiasos implizit bleibt. Zu den Epithalamienfragmenten gehören auch: Fr. 110 Voigt, wo auf einen Hochzeitsbrauch angespielt wird, nach dem ein Freund des Bräutigams als Türsteher, der hier verspottet wird, der Braut das Ehebett sperren sollte; Fr. 111 Voigt, ein Refrain, wo die Größe des Bräutigams gelegentlich zu vielleicht nicht verfehlten sexuell obszönen Deutungen geführt hat; das dialogisch gebaute Fr. 112 Voigt, in dem erst der Bräutigam, dann die Braut angeredet werden; Fr. 113 und 115 Voigt, in denen jeweils die Braut und der Bräutigam gepriesen werden, sowie schließlich Fr. 116 und 117 Voigt, die einen Abschiedsgruß mit Glückwunsch an die Brautleute enthalten. In Fr. 44a(a) Voigt, dessen Autorschaft unsicher ist, spricht Artemis den Eid über ihre Keuschheit aus, während ihr Vater Zeus auf diese Bitte eingeht: Seitdem ist sie bei allen als Jungfrau und Jägerin bekannt (in V. 11 ist von Eros die Rede, der ihr aber nie nahe kommt). In Fr. 55 Voigt wird eine Frau ungewöhnlich hart angegriffen, von der Sappho prophezeit, sie sei dazu verdammt, nach ihrem Tod vergessen zu werden und im Hades unscheinbar unter den Totenschatten umherzuirren, und zwar weil sie keinen Anteil an den »Rosen aus Pierien« habe; sie sei also musisch ungebildet. In Fr. 57 Voigt dagegen wird eine Frau namens Andromeda verspottet, die von einer als »bäuerlich« bezeichneten Frau bezaubert ist, die nicht einmal ihr Gewand geschickt tragen könne. Andromeda muss eine Rivalin Sapphos in der

Liebe gewesen sein: In Fr. 130, 4 Voigt hat Atthis Andromeda Sappho als Liebhaberin vorgezogen und in Fr. 133, 1 Voigt ist von etwas die Rede, das sie verdientermaßen eingebüßt haben soll. Mehrmals werden bei Sappho Mädchen aus ihrem Kreis erwähnt: außer Anaktoria, Kleanthis, Gongyla und Atthis zum Beispiel noch Dika (Fr. 81 Voigt), Mnasidika (laut Fr. 82 Voigt noch schöner als die zärtliche Gyrinno), die lästige Eirana (Fr. 91 und 135 Voigt), die Tochter Kleïs (Fr. 132 Voigt) und Gorgo (Fr. 144 und 213 Voigt).

In Fr. 58 Voigt ist eine Reflexion über das Alter zu lesen: Sappho fordert die Mädchen auf, die Gaben der Musen zu ehren und einen Gesang anzustimmen, während die grauen Haare und die fragilen Knie ihr eigenes fortgeschrittenes Alter bezeugen, wobei auf die verzweifelte Frage in V. 17 »Aber was könnte ich denn tun?« der Mythos des ewig alt gebliebenen Tithonos folgt, dessen Liebhaberin Eos war. In Fr. 65 Voigt verspricht Aphrodite selbst der Dichterin »überall Ruhm«: Ob sich daraus schließen lässt, dass Sapphos Gedichte für ein breiteres Publikum außerhalb des Thiasos bestimmt waren, sei dahingestellt. Außer der impliziten Kontrastierung mit der amusischen Unbenannten im zitierten Fr. 55 Voigt zeigen zwei weitere Fragmente, dass Sappho zuversichtlich mit ihrem dichterischen Nachruhm rechnete: In Fr. 32 Voigt spricht sie von der Ehre, die ihr die Musen durch die Gabe ihrer Werke erwiesen hätten; in Fr. 147 Voigt glaubt sie, dass man sich wohl auch in der Zukunft an sie erinnern werde.

In Fr. 81 Voigt ist ein elegantes Outfit neben raffinierten Manieren ein Bereich, in dem sich die Mädchen im Thiasos auskennen sollen, und dies reflektiert sich bei Sappho in zahlreichen Bemerkungen und Anweisungen über Mode und Kosmetik: Hier wird einem Mädchen namens Dika empfohlen, auf ihrem Haar Kränze zu flechten, denn so ziehe man die Aufmerksamkeit der Chariten auf sich. In Fr. 94 Voigt, einem höchst kontrovers diskutierten Fragment, lautet die Frage zu V. 1, wer sich hier wünscht, tot zu sein: Sappho selbst oder das Mädchen im Augenblick seines Abschieds vom Thiasos, ein Abschied, der in den folgenden Versen ausführlich beschrieben wird: Berichtet wird der letzte Wortwechsel, in dem das Mädchen die aktuellen Leiden der Trennung bedauert, während Sappho etwas kontrollierter mit der Erinnerung an die schönen zusammen verbrachten Zeiten reagiert, Zeiten von Veilchen- und Rosenkränzen, Blumenketten und duftendem Salböl, von gemeinsamen Feiern und Opferriten, Hainbesuchen und Tänzen, aber auch (V. 21 ff.) von intimen Momenten. In Fr. 96 Voigt ist ein Hinweis auf die lydische Stadt Sardes zu erkennen, in der sich nun ein Mädchen befinde, welches einst die von Sappho in V. 16 angeredete Atthis noch im Thiasos mit einer Göttin verglich (mit dem Epitheton *arignota,* »hoch angesehen«, bezeichnet, das einige als Eigennamen deuten wollten) und welches sich auf ihren Gesang am meisten freute: Nun aber glänze sie unter den lydischen Frauen wie bisweilen nach dem Sonnenuntergang der »rosenfingrige« Mond unter den Sternen – ein Vergleich, der zur Beschreibung einer Naturlandschaft überleitet, deren Elemente (außer Mond und Meer noch Blumen, Pflanzen u. ä.) auf die Riten des Thiasos zurückzuführen sind. Es folgen eine psychologische Bemerkung (wenn das Mädchen an Atthis denkt, wird ihr Herz von Begierde erfasst) und die Epiphanie Aphrodites. Der Mondvergleich findet sich auch in Fr. 34 Voigt, wenn ein wunderschönes Mädchen mit dem Mond, andere schöne Mädchen mit den Sternen verglichen werden. Fr. 98 Voigt ist ein kleiner Dialog zwischen Sappho und ihrer Tochter Kleïs: Die Mode ändere sich von Generation zu Generation und ein Mädchen müsse stets aufpassen, wenn man sich als richtige Frau in der Gesellschaft nicht blamieren wolle. So war z. B. Atthis, eines der laut Tradition bei Sappho beliebtesten Mädchen, als kleines Kind und vor allem »ohne Charme« (Fr. 49 Voigt) in die Gemeinde getreten; nun aber, da sie austreten muss, hat sie – so müssen wir Sapphos Gedankengang ergänzen – natürlich die *charis* erworben, ohne die sie in der Gesellschaft nicht auftreten könnte. Der kürzlich für Sapphos Mädchenkreis geprägte Begriff einer »school of femininity« erscheint angesichts solcher Anweisungen plausibel. In Fr. 150 Voigt wird behauptet, man dürfe im Hause der Musendienerinnen kein Trauerlied anstimmen, denn das gehöre sich nicht. Unter dem Ausdruck »Haus der *moisopoloi*« müssen wir wohl eine Art Kultverein verstehen, in dem die Mitglieder u. a. die Musen verehrten. Fr. 168b Voigt ist die berühmte nächtliche Beschreibung, in der Sappho nach dem Untergang des Mondes und der Pleiaden alleine schläft. Ein jüngst entdeckter Sappho-Papyrus (PKöln inv. 21351+21376r) enthält Teile von zwei neuen Sappho-Gedichten: die »neue Sappho«. Im ersten, dem so genannten »Jenseitsgedicht«, stellt sich die Dichterin vor, sie werde nach ihrem Tod ebenso geehrt sein wie im Leben.

Im zweiten, dem so genannten »Altersgedicht«, welches das bereits bekannte Fr. 58 Voigt wesentlich ergänzt, redet Sappho zunächst die Mädchen ihres Kreises an, um dann die Symptome ihres Alterns aufzuzählen und sich selbst zum Schluss resigniert zu trösten.

5. *Überlieferung und Rezeption*

Die lyrische Produktion der griechischen Antike ist zum größten Teil nur fragmentarisch erhalten: Aus der Zeit vor Bakchylides und Pindar gibt es kaum Gedichte, von denen wir behaupten können, sie seien vom Beginn bis zum Schluss vollständig überliefert. Außer von den neun »kanonischen« Lyrikern (Alkman, Stesichoros, Sappho, Alkaios, Ibykos, Anakreon, Simonides, Bakchylides und Pindar) – zu denen als zehnte Korinna hinzukam – sind auch Fragmente von einer Reihe kleinerer Lyriker zwischen dem 8. und 4. Jahrhundert v. Chr. überliefert. Ob bereits die alexandrinischen Philologen die besten Lyriker in einem Kanon auswählten, erscheint fraglich. Denn die überlieferte relativ hohe Zahl von neun Lyrikern bereitet im Vergleich zu der Zahl von nur je drei Epikern, Iambikern, Tragikern und Komikern Schwierigkeiten: Nicht ganz zu Unrecht wurde vermutet, diese neun seien alle in der Alexandrinerzeit noch erhaltenen Lyriker gewesen.[16]

16 Vgl. U. von Wilamowitz-Moellendorff, Die Textgeschichte der griechischen Lyriker, Berlin 1900, 6 f. und 10.

In der Rezeption figuriert Sappho nicht nur als Dichterin im Sinne einer Lyrik-Produzentin, sondern auch als das, was man eine markante Dichterpersönlichkeit nennen würde.[17] Nicht zuletzt aufgrund des erbärmlichen Überlieferungszustands der frühgriechischen Lyrik im Allgemeinen und der Lyrik Sapphos im Besonderen wurde über weite Teile der rund 2600 Jahre, die uns von ihr trennen, Sappho eher als Person rezipiert: also weniger ihre Gedichte als biographische Ereignisse, die allerdings stärker auf die Imagination von Literaten und Künstlern zurückgehen als auf authentische philologische Rekonstruktionen der Gelehrten. Die mythische unglückliche Liebesleidenschaft für Phaon, die homoerotischen, ja lasziven Konstellationen in ihrem Mädchenkreis und nicht zuletzt der Ruf ihrer körperlichen Hässlichkeit prägten Sapphos Bild – und zum Teil prägen sie es noch immer. Nicht selten fragen noch heute kultivierte Sappho-Leser den Gräzisten nach dem Wahrheitsgehalt der Phaon-Legende – und müssen darauf eine ernüchternde, ja enttäuschende Antwort erhalten. Derartige Assoziationen mit Sapphos Namen wurden zu allen Zeiten in der Literatur genährt, etwa mit Nebenbemerkungen wie *Deine Muse ist eine Sappho, statt dem Genius zu folgen, hat sie sich hinabgestürzt* (so der Schluss eines Briefs von Bettina v. Arnim an Goethe) oder *Wenn du als Sappho dich, als Phaon mich*

17 Vgl. A. Bagordo, Sappho, in: Ch. Walde (Hg.), Der Neue Pauly. Supplemente Bd. 7: Die Rezeption der antiken Literatur. Kulturhistorisches Werklexikon, Stuttgart/Weimar 2010, worauf weite Teile des vorliegenden Abschnitts »Überlieferung und Rezeption« – z. T. mit wörtlicher Übereinstimmung – zurückgehen.

verkündest, / bedaur' ich, dass du nicht den Weg zum Meere findest (so ein bei Dostojewski zitiertes Epigramm). Kaum eine Gestalt der Antike wurde überdies so sehr erotisch-sexuell konnotiert und entsprechend manipuliert, sodass »sapphische Liebe« nunmehr ein geläufigerer Begriff ist als die sapphische Strophe. Vorbei sind die Zeiten, da in C. L. Schleichs Autobiographie von 1920 ein Konrektor im Klostergymnasium verlegen um Worte ringt: *Als wir Sapphische Oden lasen, fragten wir naiv genug, was sapphische Liebe sei. Er sagte: »Och, meine Lieben, es is eigentlich nichts für Primanerohren. Aber Sie werden später doch. Je, es is so: Der Grieche, die Sonne, die Glut, der blaue Himmel, das warme Meer, je!«* Verschiedentlich als Dirne beschimpft, bestenfalls als laszive Frau etikettiert, andererseits zur feministischen oder lesbischen Ikone gemacht – insgesamt ein ungerechtes, wenn auch nie langweiliges Schicksal für die altehrwürdige Dame der Weltliteratur, die immerhin für Platon und viele andere als zehnte Muse galt.

Sapphos Dichtung dagegen wurde lieber übertragen als nachgeahmt. Zwar reichen bisweilen ein paar Begriffe wie »liebend« oder »gelehrt«, um sie – in einem günstigen Kontext – zu evozieren, an echten Imitationen bleibt ihr Fortleben jedoch arm, denn letzten Endes galt Sappho – so Wilamowitz – als »unnachahmbar«.

Die Geschichte der Sappho-Rezeption überschneidet sich stark mit dem Fortleben zweier römischer Lyriker, ohne deren Lektüre Sappho wohl nur ein Name unter vielen geblieben wäre: Catull und Ovid. Andererseits ist die Lektüre des Originaltextes der beiden Gedichte, mit denen Sapphos literarischer Ruf fast ausschließlich verbunden ist (dem »Aphrodite-Hymnus«, Fr. 1 Voigt, und dem »Liebessymptomgedicht«, Fr. 31 Voigt), den Editionen der jeweiligen Zitatträger in der Spätrenaissance zu verdanken: Dionys von Halikarnass' *De compositione verborum* und Pseudo-Longins *De sublimitate*. Aber auch dies liegt an der Natur der zumeist indirekt überlieferten Dichter der griechischen Antike. Auch wenn Sappho in der archaischen Zeit (7.–6. Jahrhundert v. Chr.) noch kein direktes Vorbild für Anspielungen oder Imitationen bei anderen Dichtern war, so wissen wir doch, dass ihre Lieder in männlichen Symposien zur Zeit Solons gesungen und geschätzt wurden: Solon selbst – so eine Anekdote – wollte ein Sappho-Lied auswendig lernen, das er von seinem Neffen gehört hatte, und begründete diesen Wunsch mit den Worten: »damit ich sterben kann, nachdem ich es gelernt habe«. Der einzige sichere Beleg für die Sappho-Rezeption bei den Tragikern des 5. Jahrhunderts v. Chr. scheint eine Passage im Satyrspiel *Kyklops* des Euripides zu sein (V. 182 ff. erinnern an Fr. 16,7 ff. Voigt), in der neben wörtlichen Anspielungen die ganze Welt des Thiasos zum Gegenstand der Parodie gemacht wird. In der Alten Komödie ist Sappho selten und nur durch wenige wahrscheinliche Anklänge vertreten. Platon der Komiker hat im Jahre 391 v. Chr. eine Komödie mit dem Titel *Phaon* aufgeführt (Fr. 188–198 K.–A.) und somit der Sappho-Phaon-Legende eine literarische Dimension verliehen, die vor allem durch die Vermittlung von Ovids Brief der Sappho an Phaon (in den *Heroides*) den größten Erfolg in der westlichen Literatur genießen sollte. Es handelt sich um eine Lokalsage von der

Insel Lesbos über die Figur des alten Fährmannes Phaon, der Aphrodite in Gestalt einer alten Frau kostenlos zum Festland übersetzte und dafür als Dankgeschenk von ihr eine Büchse mit Salböl erhielt, das ihn verjüngte und zum schönsten Mann auf Lesbos machte; von da an konnten ihm die Frauen nicht mehr widerstehen und Sappho selbst soll sich in ihn verliebt haben und aus Liebeskummer Selbstmord begangen haben. Unter den Prosa-Autoren sind Herodot, der über die Liebesgeschichte ihres Bruders mit der Hetäre Rhodopis berichtet (2,135), und Platon zu nennen, der Sokrates sagen lässt, er sei über den Eros »der schönen Sappho« unterrichtet (*Phaedr.* 235c). Unter dem Namen Platons läuft auch das berühmteste Epigramm über Sappho, in dem sie als »zehnte Muse« bezeichnet wird (*Anth. Pal.* IX 506). In der Mittleren und Neuen Komödie des 4. Jahrhunderts v. Chr. treffen wir auf sechs Stücke mit dem Titel *Sappho*. Bei Antiphanes z. B. unterhält Sappho ihre Zuhörer mit einem Ratespiel (*griphos*), wie üblich beim Gelage, wo Frauen entweder als Hetären oder als Musikantinnen erscheinen konnten, und Diphilos lässt sie wieder einmal in der Rolle einer Hetäre auftreten, als Geliebte der Iambiker Archilochos und Hipponax. Auf den tödlichen Sprung der Sappho vom leukadischen Felsen könnten Komödientitel wie *Leukadia* von Alexis und Menander zurückzuführen sein. Sapphos Rezeption ist bei den hellenistischen Dichtern auch außerhalb der Neuen Komödie reichhaltig belegt: Ihr bedeutendster Verehrer war der Bukoliker Theokrit, der sie besonders in den *Idyllien* 2, 11 und 18 imitierte. Noch im 3. Jahrhundert v. Chr. weisen auch Poseidippos' Epigramme deutliche Anklänge an Sapphos Dichtung auf und speziell die hellenistischen Epigrammatiker preisen sie in den höchsten Tönen, oft als Muse. Das proömiale Epigramm zu Meleagros' *Kranz* aus der Zeit vor 70 v. Chr. (*Anth. Pal.* IX 1) erwähnt sie, und in der augusteischen Zeit erscheint sie sogar als weibliches Pendant zu Homer (*Anth. Pal.* IX 26) – und wieder als »zehnte Muse«.

Von der philologischen Beschäftigung in Monographien oder ähnlichen Werken im Kreis der Peripatetiker und der alexandrinischen Philologen – die ihre Werke in einer nach Versmaß geordneten Edition in mindestens neun Büchern herausgaben – ist u. a. ein Traktat des Aristarch von Samothrake zu nennen, der die Dichterin gegen den Ruf verteidigen wollte, eine Prostituierte zu sein. Auch bei den Rhetoren genoss Sappho hohes Ansehen: Im 3.–2. Jahrhundert v. Chr. preist Pseudo-Demetrios in *De elocutione* Sapphos Wortschatz und Stil, und wohl bereits im 2./1. Jahrhundert v. Chr., spätestens aber in der römischen Kaiserzeit wird Sappho neben anderen Lyrikern vorwiegend zu rhetorischen Zwecken herangezogen und sowohl bei Dionys von Halikarnass als auch in der Schrift *Über das Erhabene* zum stilistischen und ästhetischen Vorbild in der Dichtung erhoben. Auf griechischem Gebiet sollte Sapphos Ruhm bis in die byzantinische Epoche reichen, in der allerdings nur noch ihre Epithalamien erhalten geblieben waren und weiter geschätzt wurden.

In Rom galt Sappho vorwiegend als feste Bezugsgröße für erotische Psychologie und Ästhetik, wobei die ästhetischen Werte des Priamel-Gedichts (Fr. 16 Voigt) und die Liebessymptomatik von Fr. 31 Voigt neben dem ununterbrochenen Erfolg der Phaon-Legende die Schwerpunkte der Rezeption bildeten. Der Komiker Plautus scheint sich im 2. Jahrhundert v. Chr. als erster Römer für Sappho interessiert zu haben. Auf Fr. 31 Voigt bezieht sich eine Reminiszenz bei Lukrez (III 153 ff.), und die Anspielungen bei den frühesten Neoterikern (Laevius, Valerius Aedituus und Lutatius Catulus) bereiteten das berühmteste Beispiel der Sappho-Rezeption in der Antike vor: Catulls Gedicht 51,1–12: *Ille mi par esse deo videtur, / ille, si fas est, superare divos, / qui sedens adversus identidem te / spectat et audit / dulce ridentem, misero quod omnis / eripit sensus mihi: nam simul te, / Lesbia, aspexi, nihil est super mi / vocis in ore, / lingua sed torpet, tenuis sub artus / flamma demanat, sonitu suopte / tintinant aures, gemina teguntur / lumina nocte.* Es handelt sich um eine leicht variierte Übertragung von Fr. 31 Voigt, wobei die als letzte Strophe überlieferten Verse (51,13–16: *otium, Catulle, tibi molestum est. / otio exsultas nimiumque gestis. / otium et reges prius et beatas / perdidit urbes*) ein persönlicher Zusatz Catulls sein könnten.

Horaz weist kaum spezielle textliche Anspielungen oder Imitationen auf; überhaupt fehlt bei ihm eher der Einfluss Sapphos als »poetic voice«. Mit dem Ausdruck *musam pede mascula Sappho* (*Epist.* I 19,28) bezieht er sich jedenfalls nicht auf ihr sexuelles Verhalten, sondern auf das in der Antike als »männlich« empfundene Ethos von Sapphos Rhythmen. Aus augusteischer Zeit stammt jedoch das wohl einflussreichste Dokument in Sapphos Nachleben, und es geht abermals auf die Phaon-Legende zurück, die dadurch endgültig verewigt wurde: Ovids Epistel *Sappho Phaoni* (*Heroides* 15). Darüber hinaus weist Ovid oft auf Sapphos homoerotische Neigung hin: Außer in zwei Versen aus der Phaon-Epistel (19 *quas puellas non sine crimine amavi* und 201 *Lesbides, infamem quae me fecistis amatae*) auch in der *Ars amandi* (III 331 *nota sit et Sappho; quid enim lascivius illa?*) und in den *Tristia* (II 365 *Lesbia quid docuit Sappho nisi amare puellas?*).

Im Mittelalter wird Sappho nur noch gelegentlich erwähnt oder indirekt zur Kenntnis genommen, vor allem über Horaz und Ovid. Petrarca war der Erste unter den Humanisten, der ihre Figur und Dichtung würdigte (in *Bucolicum carmen* und *Trionfo dell'Amore*). Im *Narrenschiff* von Sebastian Brant (1494) zählt sie zu den vielen mythologischen, biblischen oder historischen Gestalten, die von der Liebesleidenschaft getroffen wurden, während sie in Ariostos *Orlando furioso* zu den antiken, bewundernswerten Frauen gehört. Martin Opitz erweist ihr im *Buch von der Deutschen Poeterey* (1624) eine Hommage, die ihr mehr Anmut zuerkennt als ihrem Zeitgenossen Alkaios, während das 18. Jahrhundert das Jahrhundert der Sappho-Übersetzungen werden sollte (u. a. Heinse und Herder). In diese Epoche gehört auch die Dichterin Anna Louisa Karsch – die »Karschin«, die selbst als die »deutsche Sappho« galt und der die Verbreitung von Sapphos Namen bei einem breiten Publikum, und somit ihre endgültige Einbürgerung in die deutsche Kultur zu verdanken ist. Das 19. Jahrhundert sah Sappho als lyrische Protagonistin neben Pindar; gelegentlich wurde sie sogar zur Inspirationsquelle für die romantische Theorie. In Leopardis *Ultimo canto di Saffo*

(1822) etwa tritt die ursprüngliche Liebesgeschichte zurück, während Sapphos Überlegungen über die Leiden der Hässlichkeit im Vordergrund stehen.

Auch die philologische Beschäftigung mit Sappho kennt Anfang des 19. Jahrhunderts zwei Höhepunkte, die eine gewisse Bedeutung auch für die eigentliche Rezeption haben: Zum einen versuchte F. G. Welcker mit dem Büchlein *Sappho von einem herrschenden Vorurtheile befreyt* (1816), den Ruf der Homosexualität zu entfernen, zum anderen emendierte Th. Bergk (1835) Vers 24 von Fr. 1 Voigt und las dort ein weibliches Partizip (Sapphos Wunsch nach Gegenliebe hätte nun ein*e* Adressat*in*: »auch wenn *sie* nicht will«), was verständliche Folgen für die Darstellung von Sapphos homoerotischen Neigungen haben sollte. In Grillparzers Trauerspiel *Sappho* (1818), wohl *dem* sapphischen Rezeptionsstück schlechthin in der Moderne, ist hingegen nicht ihre Hässlichkeit, sondern die überragende Dichtung für den unglücklichen Ausgang ihrer Liebe zu Phaon verantwortlich. In Mörikes Versepistel *Erinna an Sappho* (1863) berichtet Sapphos junge Freundin vor dem Spiegel in einer Art Selbsterkenntnis über Tod, Freundschaft und Kunst. Noch im 20. Jahrhundert gilt »Sappho« als literarisches Kompliment für musisch begabte Frauen, wobei ein Höhepunkt in der deutschsprachigen lyrischen Rezeption mit Rilke erreicht wird, der ihr nicht weniger als drei Gedichte widmete (in *Neue Gedichte*, 1907). Im angelsächsischen Raum ist Sapphos literarische Resonanz vor allem bei den Imagisten zu sehen (u. a. bei Ezra Pound), deren Poetik einen ausgesprochenen Sinn für die sprachliche Knappheit und das Lückenhafte bzw. Fragmentarische erkennen lässt. In der deutschsprachigen Lyrik der Gegenwart ist Sapphos Rezeption durch zahlreiche Prosatexte, ein Drama und nicht weniger als 30 lyrische Texte vertreten (u. a. bei J. Bobrowski, G. Kunert, J. Poethen und H. Piontek).

6. Zu dieser Übersetzung

Golden thronende Aphrodite, | Listenersinnige Tochter des Zeus, | Nicht mit Angst und Sorgen belaste, | Hocherhabene, dies pochende Herz. | Sondern komm, wenn jemals dir lieblich | Meiner Leier Saiten getönt, | Deren Klängen du öfters lauschtest, | Verlassend des Vaters goldenes Haus (aus Akt I, Szene 6 von Grillparzers *Sappho,* 1818): Sappho sitzt auf einer Rasenbank, mit einer Lyra im Arm. Das ist die Übersetzung bzw. Übertragung der ersten Strophe von Fr. 1 Voigt, dem wohl einzig vollständig erhaltenen Gedicht von Sappho. Durch eine Bemerkung von Grillparzer selbst aus dem Jahr 1834 erfahren wir seine Meinung: »Ein Dichter lässt sich nicht übersetzen.« In H. Rüdigers Untersuchung über die deutschen Sappho-Übersetzungen[18] musste Grillparzers ehrliches und gesundes Urteil allerdings etwas modifiziert werden: »Die Fassung dieses Satzes« – so Rüdiger – »in so allgemeiner Form enthält so viel Richtiges wie Unzutreffendes. Denn gerade die eigene Sappho-Überset-

18 H. Rüdiger, Geschichte der deutschen Sappho-Übersetzungen, Berlin 1934.

zung Grillparzers – falls man die sehr freie Form der Eindeutschung mit diesem engen Begriff zu fassen vermag – enthält so viel wirklich dichterische Einfühlung in Sapphos Seelenzustand, dass sie eigentlich schon die prinzipielle Form des Satzes widerlegt.« Zweifellos sind jedoch, wie Rüdiger erfreulicherweise zugesteht, Grillparzers Bedenken gerechtfertigt, die fremden Dichter könnten »uns zu nahe gerückt« werden, und zwar durch die Vernachlässigung der historischen, psychischen, nationalen und sozialen Unterschiede. Aber auch die Berücksichtigung dieser Aspekte würde meines Erachtens nicht ausreichen, würde man nicht berücksichtigen, dass dieses Gedicht etwa die Form eines kletischen Hymnus hat, dass es also die traditionellen Elemente eines Gebets enthält (Anrede, Genealogie, Anrufung, Bitte um Hilfe, Bedingungen für die Erfüllung), und dass der Stil eben deswegen so ungewöhnlich feierlich und gehoben ist – wenn auch nicht so feierlich und gehoben wie in Grillparzers Übertragung. Wenn man von all diesen Faktoren absieht, kommt man bei der Interpretation archaischer Lyrik nicht sehr weit. Diese Warnung lässt sich natürlich nicht an Grillparzer richten, sondern vielmehr an manchen modernen Übersetzer und Interpreten.

Übersetzungen antiker Dichtung in moderne Sprachen sind grundsätzlich zwei Gefahren ausgesetzt: Sie achten zu wenig auf die interne Varietät der Sprach- und Stilregister und sie neigen dazu, alles etwas zu »(hoch)literarisch« wiederzugeben. Dieser Vorbehalt gilt umso mehr für die frühgriechische Lyrik, die uns nur fragmentarisch erhalten ist und deren Textbestand und -zustand sehr dürftig sind: Abgesehen von

Pindars und Bakchylides' Epinikien besteht nahezu alles andere aus Zitaten bei späteren Autoren oder aus Papyrusfetzen, die sich oft in einem erbärmlichen Zustand befinden. Dies hat zur Folge, dass bei der Beschäftigung mit diesen Texten eine erhöhte philologische Aufmerksamkeit noch gefragter ist als bei besser (und direkter) überlieferten Texten. Die sprachliche und stilistische Varietät wenigstens annähernd treu wiederherzustellen, müsste die erste Aufgabe einer jeden philologischen Übersetzung sein – auch auf Kosten der (modernen) Ästhetik. Denn sehr oft ist der Wortlaut der Originale von einer entwaffnenden Schlichtheit, in lexikalischer sowie in syntaktischer Hinsicht, sodass die Versuchung bisweilen stark ist, hier und dort etwas Schmuck anzubringen. Diese Gefahr ist die erste, die ein umsichtiger Übersetzer vermeiden sollte. Die griechische Syntax kann kompliziert sein und wir haben genügend Beispiele für die Schwierigkeitsstufen, die sie erreichen kann: Wenn sie jedoch einfach bleibt – und in der archaischen Dichtung heißt »einfach« meistens parataktisch (kaum Subordination), polysyndetisch (Anhäufung von Konjunktionen) und nahezu ohne *variatio* (stattdessen Wiederholungen) –, dann muss diese Einfachheit auch in der Übersetzung mit entsprechenden Mitteln beibehalten werden, wiewohl diese Mittel für unsere Ohren etwas fremd wirken mögen.

Die archaische Dichtung bedarf keiner Aktualisierung: Wenn sie fremd wirkt, sollte sie auch fremd bleiben. Ästhetischer Genuss beim Lesen dieser Dichtung kann sich für uns allein schon aus der Bewunderung für die außerordentlichen Effekte ergeben, welche die griechischen Dichter mit einfachsten Mitteln zu erreichen vermochten. Zeitlich und kulturell entfernte Texte wie ein Lied Sapphos an unsere eigenen ästhetischen Bedürfnisse anzupassen, fällt nicht schwer. Fast bei jedem Wort und bei jedem Ausdruck bietet sich eine »schönere«, ja »poetischere« Variante an: Jeder kann mit dem Thesaurus der Synonyme spielen und für *kalos* (»schön«) buntere Möglichkeiten wie »wundervoll«, »ansehnlich«, »liebreizend«, »attraktiv«, »begehrenswert«, »faszinierend« oder »herrlich« finden und diese auf die verschiedenen Kontexte und Situationen beliebig anwenden. Aber wenn Sappho immer nur *kalos* verwendet, wird dies wohl seinen Grund haben, wobei es etwas willkürlich erscheint, Frequenz sowie Prägnanz des sapphischen Sprachgebrauchs nach unserem Geschmack zu verändern – auch und vor allem wenn dies »schöner« klingt. Die Berücksichtigung neuerer Forschungstendenzen in der frühgriechischen Lyrik – vor allem hinsichtlich der »pragmatischen« Aspekte – hat selbstverständlich gravierende Folgen auch für die Übertragung der Texte in eine moderne Sprache. Wurde nämlich erst einmal erkannt, dass Demonstrativa oder deiktische Partikeln eine präzise, ja pragmatische Funktion erfüllen (es wird nämlich auf Personen und Orte verwiesen, die für das ursprüngliche Publikum tatsächlich *präsent* und *real* waren), dann sollte diese Erkenntnis auch in der Übersetzung gebührend beachtet werden – einer Übersetzung, in der es dann bisweilen unvermeidlich von »da« und »dort«, »dieser« und »jener« wimmeln wird.

Metrischer Überblick

Verwendete Abkürzungen für Metra und Kola (mit jeweiligem Schema)

ad	= Adoneus (– ∪∪ – –)
ba	= Baccheus (∪– –)
cho	= Choriambus (– ∪∪ –)
cr	= Kretikus (– ∪ –)
da	= Daktylus (– ∪∪)
gl	= Glykoneus (○○ – ∪∪ – ∪–)
hipp	= Hipponakteus (○○ – ∪∪ – ∪–×)
ia	= Iambus (×– ∪–)
io	= Ionikus (∪∪– –)
io anacl	= Ionikus anaklomenos (variable Form eines Ionikus)
pher	= Pherekrateus (○○ – ∪∪ – ×)
^{d}	= Erweiterung um einen Daktylus (etwa innerhalb eines gl, hipp oder pher)
^{2d}	= Erweiterung um zwei Daktylen (etwa innerhalb eines gl, hipp oder pher)
^{c}	= Erweiterung um einen Choriambus (etwa innerhalb eines gl, hipp oder pher)
^{2c}	= Erweiterung um zwei Choriamben (etwa innerhalb eines gl, hipp oder pher)

Lateinische Abkürzungen und Ausdrücke

inc. (*incertum*)	= ungewisse metrische Rekonstruktion
fort. (*fortasse*)	= vielleicht
suppl. possis (*supplere possis*)	= mögliche metrische Ergänzung
sed alia possis	= weitere Rekonstruktionen möglich
v./vv. (*versus, versus* pl.)	= Vers(e)
vel	= bzw.

Schemata der »sapphischen Strophe«

(cr ‸hipp ist auch als »sapphischer Hendekasyllabus« [»Elfsilber«] bekannt)

A 1

cr ‸hipp ||
cr ‸hipp ||
cr ‸gl ‸pher |||

(Fr. 1–42; vgl. Fr. 213; Fr. 160?; vgl. Fr. 157, 168?)

A 2

gl ||
gl ||
gl^{d} |||

(Fr. 94; Fr. 101?)

Schema der »alkaischen Strophe«

(ia $_{\wedge}$gl ist auch als »alkaischer Hendekasyllabus« [»Elfsilber«] bekannt)

A 1

ia $_{\wedge}$gl ||
ia $_{\wedge}$gl ||
2ia $_{\wedge}$hipp^{d} |||

(Fr. 137; Fr. 168C?)

Verwendete Zeichen

– = langes Element
∪ = kurzes Element
× = langes bzw. kurzes Element
o = langes bzw. kurzes Element in einer »äolischen Basis«
oo = »äolische Basis« (Anfang eines Glykoneus, Hipponakteus oder Pherekrateus)
$_{\wedge}$ = Fehlen eines Elements am Anfang oder Ende eines Verses bzw. Kolons
| = Wortende
|| = Ende eines Kolons
||| = Ende einer Strophe
⊗ = Anfang bzw. Ende eines Gedichts

Ein Schema aller bei Sappho vorkommenden Versformen findet sich im *Conspectus metrorum* der Edition von Voigt (S. 15–20), woher alle hier angeführten metrischen Deutungen stammen.

Beim Abdruck der griechischen Fragmente nach der Sappho-Ausgabe von Eva-Maria Voigt werden die **diakritischen Zeichen des Leidener Klammersystems** verwendet:

[…] = Eckige Klammern: Nicht erhaltene Buchstaben oder Zeilen, die ergänzt wurden; bei unsicherer Ergänzung steht ein Fragezeichen in der Klammer

[- ca. 4 -]
oder [….] = Angabe der ausgefallenen Buchstaben durch Zahlen oder Punkte

(…) = Runde Klammern: Auflösung einer Abkürzung

< … > = Spitze Klammern: Änderungen oder Ergänzung durch den Herausgeber

⟦ … ⟧ = Doppelte eckige Klammern: Antike Rasuren

. (Punkt unter einem Buchstaben) = Der Buchstabe ist unvollständig erhalten, aber eindeutig als ein bestimmter Buchstabe zu identifizieren

| oder / = Bei fortlaufender Schreibung des Textes, wenn der Text also nicht zeilengleich wiedergegeben ist, Markierung der Vers- oder Zeilenenden

⸥⸤ = Halbe eckige Klammern (z.B. Fr. 1 παῖ⸥ Δι⸤ί⸥ος δολ⸤ιόπλοκε): Der zwischen den Klammern stehende Text kann mithilfe der indirekten Überlieferung rekonstruiert bzw. ergänzt werden.

DIE FRAGMENTE

1 Voigt

sapph. Strophe

⊗ ποικιλόθροιν' ἀθανάτ' Αφρόδιτα,
παῖ Δίος δολόπλοκε, λίσσομαί σε,
μή μ' ἄσαισι μηδ' ὀνίαισι δάμνα,
πότνια, θῦμον,
ἀλλὰ τυίδ' ἔλθ', αἴ ποτα κἀτέρωτα
τὰς ἔμας αὔδας ἀίοισα πήλοι
ἔκλυες, πάτροις δὲ δόμον λίποισα
χρύσιον ἦλθες
ἄρμ' ὐπασδεύξαισα· κάλοι δέ σ' ἆγον
ὤκεες στροῦθοι περὶ γᾶς μελαίνας
πύκνα δίνεντες πτέρ' ἀπ' ὠράνω αἴθε-
ρος διὰ μέσσω·
αἶψα δ' ἐξίκοντο· σὺ δ', ὦ μάκαιρα,
μειδιαίσαισ' ἀθανάτωι προσώπωι
ἤρε' ὄττι δηὖτε πέπονθα κὤττι
δηὖτε κάλημμι
κὤττι μοι μάλιστα θέλω γένεσθαι
μαινόλαι θύμωι· τίνα δηὖτε πείθω
. . ạ̣σάγην ἐς σὰν φιλότατα; τίς σ', ὦ
Ψάπφ', ἀδικήει;
καὶ γὰρ αἰ φεύγει, ταχέως διώξει,
αἰ δὲ δῶρα μὴ δέκετ', ἀλλὰ δώσει,
αἰ δὲ μὴ φίλει, ταχέως φιλήσει
κωὐκ ἐθέλοισα.

ἔλθε μοι καὶ νῦν, χαλέπαν δὲ λῦσον
ἐκ μερίμναν, ὄσσα δέ μοι τέλεσσαι
θῦμος ἰμέρρει, τέλεσον, σὺ δ᾽ αὔτα
σύμμαχος ἔσσο.

⊗ Buntthronende, unsterbliche Aphrodite,
Kind des Zeus, listflechtende, ich flehe dich an,
nicht mit Kummer noch mit Qualen bezähme mir,
Ehrwürdige, das Gemüt,
sondern komm hierher, solltest du je schon ein andermal,
meine Menschenstimme vernehmend, weit entfernt
zugehört haben, als du, des Vaters Palast verlassend,
kamst, einen goldenen Wagen
unterjochend, und schöne Sperlinge führten dich
schnell über der schwarzen Erde
mit dichtem Flügelschlag aus dem Himmel durch des
Äthers Mitte;
und sofort kamen sie an und du, o Beglückte,
lächelnd in deinem unsterblichen Antlitz,
fragtest, was ich wieder gelitten hätte und warum
ich dich wiederum riefe
und was ich am meisten wünschte, dass es mir sei
in meinem wahnsinnigen Gemüt: *Wen soll ich wieder*
überzeugen,zu deiner Liebe zurückführen? Wer, o
Sappho, tut dir Unrecht?
Denn wenn sie flieht, bald wird sie dich verfolgen,
und wenn sie keine Geschenke annimmt, dann wird sie
doch welche geben,

und wenn sie nicht liebt, bald wird sie lieben,
auch gegen ihren Willen.
Komm zu mir nun, und befreie mich vom schweren
Kummer, und was, dass es mir zuteil werde,
mein Gemüt begehrt, erfülle es und du selbst
sei mir Verbündete.

Der Hymnus an Aphrodite (Fr. 1 Voigt)

Als erstes Lied des ersten Buchs eröffnete dieses Fragment die alexandrinische Sappho-Edition. Einige formale Elemente verweisen auf den Typ des kletischen Hymnus (vgl. zu diesem Gebetstyp mit der Abfolge Gebet, Ankunft, Frage und Hilfeversprechen Homer, *Ilias* 1,352 ff.). Die Sprache ist überwiegend homerisch und ein konventioneller Sakralstil ist trotz Abweichungen von traditionellen Epiphanie-Darstellungen und trotz möglicher Anlehnungen an Zaubersprüche nicht zu übersehen. Sappho will hier anscheinend jemandes Liebe *zurück*gewinnen. In diesem Lied wurde auch eine Adaptation von Diomedes' Appell an Athene erkannt (Homer, *Ilias* 5,720 ff.).

1 ποικιλόθρονος als Epitheton für Aphrodite ist umstritten: Außer der traditionellen Deutung (θρόνος als »Stuhl, Thron«) wurde auch die homerische Form θρόνα (Plural, vgl. *Ilias* 22,441 ἐν δὲ θρόνα ποικίλ᾽ ἔπασσε) herangezogen; dann hätte das Kompositum die Bedeutung »mit bunten gestickten Blumen (auf den Gewändern)«. Das nichthomerische δολόπλοκος, das sich konkret auf Liebestricks bzw. Liebesfallen beziehen lässt, wird für Aphrodite auch bei späteren Lyrikern verwendet (u. a. Theognis 1386 und Simonides *PMG* 36,9).

18 f. Aus diesen beiden verschiedentlich emendierten Versen lässt sich schließen, dass die Schuld, von der hier die Rede ist, nicht im Bruch eines Liebesvertrags besteht, was die Annahme eines Verrats mit sich bringen würde, sondern in der Ablehnung eines Liebesangebots.

24 Der Nominativ κωὐκ ἐθέλοισα wird m. E. zu Recht verteidigt, und zwar anhand von Theognis 1294, einer Elegie, in der ein ähnlich erotisch konnotierter *adikia*-Gedanke (d. h. Ungerechtigkeit in einem Liebesverhältnis) wirkt.

2 Voigt

sapph. Strophe

1a . . ανοθεν κατιου[σ|-
1 †δευρυμμ̣ε̣κρητεσιπ̣[.]ρ̣[   ]|. † ναῦον
ἄγνον ὄππ̣[αι   ]| χάριεν μὲν ἄλσος
μαλί[αν], β̣ῶμοι δ᾽ ἔ<ν>ι̣ θυμιάμε-
4 νοι [λι]β̣ανώτω<ι>·
ἐν δ᾽ ὔδωρ ψῦχρον| κελάδει δι᾽ ὔσδων
μαλίνων,| βρόδοισι δὲ παῖς ὀ χῶρος
ἐσκί|αστ᾽, αἰθυσσομένων δὲ φύλλων|
8 κῶμα †καταιριον·
ἐν δὲ λείμων| ἰππ̣π̣όβοτος τέθαλε
†τω̣τ . . . (.)ριν|νοις† ἄνθεσιν, αἰ <δ᾽> ἄηται

μέλλι|χα πν[έο]ισιν [
[ ]
ἔνθα δὴ σὺ †συ.αν†| ἔλοισα Κύπρι
χρυσίαισιν ἐν κυ|λίκεσσιν ἄβρως
<ὀ>μ<με>μεί|χμενον θαλίαισι| νέκταρ
οἰνοχόεισα

Aus dem Himmel herabkommend …
hierher zu mir aus Kreta [komm zu diesem] Heiligtum,
dem weihevollen, wo ein anmutiger Hain steht
von Apfelbäumen, wo Altäre sind, die dampfen
vom Weihrauch;
und hier rauscht kühles Wasser an den Ästen
der Apfelbäume vorüber,| und der ganze Ort liegt
im Schatten von Rosen, beim Flattern der Blätter
ergreift dich der Schlummer.
Und hier erblüht eine Wiese, mit weidenden Pferden,
mit *frühlingshaften* Blumen, und die Brisen
wehen honigsüß.
[ ]
Hier *hast* du [*einen Krug?*] genommen, Kypris,
nun in goldene Weinbecher delikat
mit Freuden vermischten Nektar
einschenkend.

Das Florentiner Ostrakon (Fr. 2 Voigt)

Wahrscheinlich bestand diese Ode ursprünglich aus fünf Strophen. Der Text diente zu Schulzwecken und war in eine Tonscherbe eingeritzt. Darum ist die Ode allgemein als »Florentiner Ostrakon« bekannt (*editio prior* 1937). Diese raffinierte Schilderung einer Naturlandschaft (mit dem Heiligtum, dessen Altären, einem Hain, strömendem Wasser, Rosen, Rascheln der Blätter und einer blühenden Wiese mit Pferden) gipfelt in der Anrede an Kypris: Die Göttin wird aufgefordert, Nektar in goldene Schalen einzuschenken (vgl. Fr. 96,26 ff. Voigt), und wird somit vermutlich zu einem (Kult-) Fest herbeigerufen. Das Lied, das hymnische Elemente aufweist, scheint zu beweisen, dass die intime Welt des Thiasos gelegentlich auch in der Öffentlichkeit aufzutreten vermochte, etwa bei Besuchen im Tempel oder in einem geweihten Hain. Im hier besungenen Hain hat man dementsprechend einen »Nymphengarten« erkennen wollen (unklar ist, ob die nächtlichen Feiern im Kontext eines Epithalamions, die *pannychídes* in Fr. 23 und 30 Voigt, sich auf die Mädchen des Thiasos beziehen).

1a Hier ist ὠράνοθεν κατίουσα eine zumindest plausible Lesart, die jedoch die Erwähnung Kretas unmöglich machen würde: Entweder kommt die herbeigerufene Göttin aus dem Himmel oder aus Kreta.

1 †δευρυμμεκρητεσιπ[...]† Selbst wenn hier tatsächlich von Kreta die Rede sein sollte (unsere Übersetzung lehnt sich an Pfeiffers und Theanders Text δεῦρυ μ᾽ ἐκ Κρήτας an) – was die Möglichkeit einer Ankunft aus dem Himmel natürlich ausschließen würde –, erscheint die bisweilen formulierte Annahme eines Aufenthalts der Dichterin auf der Insel Kreta als übertrieben. Aphrodite wurde tatsächlich in Knossos mit dem Epitheton Ἄνθεια verehrt (Hesych), was die Präsenz eines Aphrodite-Heiligtums ebendort nahelegt: Ob dieses Heiligtum zur Zeit Sapphos bereits stand und ob es als pragmatischer Bezugspunkt für das Lied dienen könnte, sei dahingestellt.

8 Bei κῶμα handelt es sich um eine zauberhaft einschläfernde Kraft; hinter †καταιριον lässt sich eine Lesart κατάγρει »ergreift« (Risch) besser verteidigen als etwa καταίρει »descends« (Page) oder κατέρρει »kommt herunter« (Sitzler).

10 Hier wird die Lesart ἠρίνοισιν (Vogliano) bevorzugt.

3 Voigt

sapph. Strophe

]δώσην
κλ]ύτων μέντ' ἐπ[
[κ]άλων κἄσλων,σ̣[
·]λοις, λύπης τέμ̣[
]μ' ὄνειδος
]οιδήσαις. ἐπιτα̣[
].αν, ἄσαιο. τὸ γὰρ .[
]μον οὐκοὖτω μ̣[
] διάκηται,
]μηδ̣[ ].αζε,

]χις, συνίημ[ι
].ης κακότατο[ς
]μεν [
]ν ἀτέραις με[
]η φρένας, εὖ[
]α̣τοις μακα[
]
]α̣[

… geben werden …
… der vornehmen …
… der schönen und adligen …
… (den Freunden), du bereitest Schmerz …
… Tadel …
… dich blähen …
… dich bekümmern würdest/solltest. Dies nämlich …
… nicht so …
… befände sich in einem Zustand …
… weder …
… ich verstehe …
… der Bosheit …
…
… den anderen …
… die Gemüter, wohl …
… glückl- …
…
…

4 Voigt

sapph. Strophe

]θ̣ε θῦμον
]μι πάμπαν
] δύναμαι,
]
]ας κεν ἤ μοι
]σ̣αντιλάμπην
]λ̣ον πρόσωπον.
]
]γ̣χροΐσθεις,
]´[..]ρο̣ς

… Gemüt …
… völlig …
… ich könnte,
…
… wenn's mir möglich wäre …
… das Licht zurückwerfen / …
… [dein] *schönes* Gesicht.
…
…
…

5 Voigt

sapph. Strophe

⊗ Κύπρι καὶ] Νηρήϊδες, ἀβλάβη[ν μοι
τὸν κασί]γνητον δ[ό]τε τυίδ' ἴκεσθα[ι
κὤσσα ϝ]ο̣ι̣ θύμω<ι> κε θέλη γένεσθαι
πάντα τε]λέσθην,
[–]
ὄσσα δὲ πρ]όσθ' ἄμβροτε πάντα λῦσα[ι
καὶ φίλοισ]ι ϝοῖσι χάραν γένεσθαι
. . . . ἔ]χθροισι, γένοιτο δ' ἄμμι
. . . . . . μ]ηδ' εἰς·
[–]
τὰν κασιγ]νήταν δὲ θέλοι πόησθαι
]τίμας, [ὀν]ίαν δὲ λύγραν
]οτοισι π[ά]ροιθ' ἀχεύων
] .να
]. εισαΐω[ν] τὸ κέγχρω
]λεπαγ[. . (.)]αι πολίταν
]λλωσ̣[. . .]νηκε δ' αὖτ' οὐ
]κρω[ ]
]οναικ[ ]εο[ ]. ι
]. . [.]ν· σὺ [δ]ὲ̣ Κύπ̣[ρι]. .[. . (.)]να
]θεμ[έν]α κάκαν [
]ι. ⊗

⊗ Du, Kypris, und ihr Nereiden, gönnt mir,
dass unversehrt der Bruder hierher kommt,
und dass, was er in seiner Seele sich wünscht,

alles verwirklicht werde,
[–]
und worin er zuvor sich irrte, dass er dies wiedergutmache,
und dass für seine Lieben eine Freude entstehe,
... für die Feinde, und möge für uns sein ...
... nie jemand ...
[–]
und dass er die Schwester teilhaben lassen möge ...
Ehre, und von den kläglichen Qualen
... an denen er in der Vergangenheit leidend
...
... hörend ...
... der Bürger ...
...
...
...
... und du, Kypris ...
... der Übel ...
...

Bruder Charaxos (Fr. 5 Voigt)

Biographisch-persönliche Züge trägt dieses Fragment, das als Bitte an Aphrodite und die Nereiden gestaltet ist, deren Kult auf Lesbos durch Plutarch (*Septem sapientium convivium* 163B) bezeugt ist: Sappho wünscht sich, dass ihr Bruder Charaxos heil nach Mytilene zurückkehre. Von Charaxos wissen wir, dass er zum Weinhandel nach Naukratis in Ägypten reiste, wo er sich in die Hetäre Rhodopis verliebte (ein redender Name: »die mit dem Rosenblick«) und für sie ein großes Vermögen verprasste (vgl. Herodot II 134 f. = Test. 254 Voigt und Fr. 15b,9–12 Voigt, wo Charaxos' Geliebte Doricha heißt). Die angerufenen Göttinnen sollen Charaxos bei der Rückfahrt von Stürmen verschonen. Rhodopis' *floruit* wurde in die frühen Jahre von Amasis' Königsherrschaft (529–516 v. Chr.) gesetzt, Charaxos' Engagement für deren Freiheit in die Zeit um 590. Sappho hätte somit Fr. 5 und 15 Voigt im Alter von rund 60 Jahren gedichtet.

5–7 Diese Verse lassen auf eine nicht unbedeutende politische Rolle von Sapphos Verwandtschaft schließen: Die Fehler, die Charaxos beseitigen soll (die Formulierung von V. 5 ὄσσα δὲ πρ]όσθ' ἄμβροτε πάντα λῦσα[ι kommt vielleicht fast identisch auch im lückenhaften Fr. 15,5 Voigt vor), scheinen über eine rein persönliche Dimension hinauszugehen, wobei vor allem der rekonstruierte Satz »und Freude entstehe [für die Freunde und Übel] für die Feinde« nicht frei von einer prägnanten Konnotation erscheint, die einem althergebrachten Topos entspricht (vgl. Homer, *Odyssee* 6,184 f., Archilochos Fr. 23,14 W.², Solon Fr. 13,5 f. W.², Theognis 871 f.).

7–8 Wenn Charaxos auch Subjekt von γένοιτο ist, dann ließe sich μηδείς auch als Prädikatsnomen auffassen, was zu folgender Bedeutung führen würde: »(Charaxos) wäre für uns ein Niemand, ein Taugenichts« (so Sitzler anhand von Euripides Fr. 189 N.²–Kn. φίλοισι δ' οὐδείς).

10–12 Nach einer plausiblen Rekonstruktion (Di Benedetto) – ὀνίαν δὲ λύγραν / παρλύοιτο τοίσι πάροιθ' ἀχεύων /

θῦμον ἐδάμνα – wäre der Sinn: »und von den kläglichen Qualen / befreie er diejenigen, denen er in der Vergangenheit (selbst) leidend die Seele unterdrückte«.

18–19 Ob hier Charaxos' Geliebte (wie in Fr. 15,9 ff. Voigt) verflucht wurde, sei dahingestellt, wobei die am Schluss wiederholte Bitte an Kypris die Dringlichkeit, eine unglückliche Liebe zu beenden, erklären könnte.

6 Voigt

sapph. Strophe

ὡς δα.[
  κακ̣κ̣[
–
ατρι[
κτα̣.[
.].[
  θα[
–
⊗ στεῖχ[
ὡς ἴδω̣[
τ̣ὰς ἐτ.[
  ποτνια.[
–
χρυσοπ̣[
καππο[
. ανμ[
  κ̣ᾶρα . [
  ].[

...
...
–
...
...
...
...
–
⊗ gehe ...
damit wir sehen ...
von jener ...
verehrte ...
–
gold- ...
...
...
Kopf ...
...

7 Voigt

sapph. Strophe

Δωρί]χ̣ας.[. . . . .] . [
]κην κέ̣λ̣ε̣τ', οὐ γ̣ὰρ̣
3]α̣ις
]κάνην ἀγ̣ε̣ρωχία̣[
]μ̣μεν' ὄαν νέο̣ι̣σι[
].αν φ[ι]λ [. . . . . .].[
7]μ̣α. [

von (Dori)cha …
zu … befiehlt, denn nicht …
3 …
… *büßen* für (ihre) Dreistigkeit …
… sein, welche den Jungen …
… lieb-/freund(l)- …
7 …

Die dreiste Doricha (Fr. 7 Voigt)

Wenn Lobels Ergänzung von Vers 1 den Sachverhalt richtig trifft, ist hier von Doricha die Rede, der Geliebten von Sapphos Bruder Charaxos, die in Fr. 5 Voigt den Hetärennamen Rhodopis trägt und die auch in Fr. 15b Voigt namentlich erwähnt wird.

4 Die Ergänzung ὀφλισκάνην »büßen«, die eine Strafe für Dorichas Verhalten voraussetzen würde, ist (wegen des in diesem Fall als kurz zu messenden οφλ-: vgl. aber Fr. 16,19. 150,2 Voigt) metrisch problematisch, wenngleich nicht unmöglich, wobei ἰκάνην »gelangen« eine plausible Alternative wäre (Lobel). Die ἀγερωχία ist auch in Fr. 90 IIIa,12 f. Voigt negativ konnotiert (dort verbunden mit einem Übermaß an Privilegien).

8 Voigt

sapph. Strophe

]ν.ο̣.[
]α̣μφ.[
Ἄ]τθι· σο.[
].νέφ[
]   [

…
…
… o Atthis: di(r) …
…
…

9 Voigt

sapph. Strophe

]α̣ρ̣καλειοιτασε.[
]παν οὐκεχη[
3]ερ ἐόρταν
]μαν [῎Η]ραι τελε[
].ωνέμ[
]..ἀς ἄ.[
7]υσαι [
].οσδε̣[
]ν.[

… *ruft* …
… *alles nicht* …
3 … die Feier …
… für Hera *vollbr(ingen)* …
…
…
7 …
…
…

12 Voigt

sapph. Strophe

]. . .[
]σ̣θε.[
3] [
]ν̣ο̣ημ̣[
].απεδ[
⁚].ηνεο[
7] [
]. .ρ̣ισ.[
].ι̣φ[

…
…
3 …
… *Gedan*[*ke* …
…

…
…
…
…

15 Voigt

sapph. Strophe

b

]α̣ μάκαι̣[ρ
]ε̣υπλο.·[
a].ατοσκα[
]
]οσθ᾽[ ]βροτεκη[
]αταισ̣[ ]ν̣εμ̣[
].ύχαι λι.[ ]ε̣νος κλ[
].[ ]
[–]
Κύ]πρι κα[ί σ]ε πι[κροτ΄..]α̣ν ἐπεύρ[οι
μη]δὲ καυχάσ[α]ι̣το τόδ᾽ ἐννέ[ποισα
Δ]ω̣ρίχα τὸ δεύ[τ]ερον ὡς ποθε[
]ερον ἤλθε.

b

… glückl- …
… gute Seefahrt [?] …

a . . .
. . .
. . . . . .
. . . . . .
. . . . . .
. . . . . .
[–]
O Kypris, und möge sie dich bitterer finden,
noch möge Doricha prahlen, indem sie sagt,
dass er zum zweiten Male *zur ersehnten*
Liebe gelangte.

Eine Bitte an Aphrodite für den Bruder (Fr. 15 Voigt)

Ein Pendant zu Fr. 5 Voigt ist wohl diese Bitte an Aphrodite, sie möge dafür sorgen, dass sich der Bruder endlich vom negativen Einfluss der Doricha befreie, indem er die Liebe zu ihr beende.

1 f. Zur als μάκαιρα angeredeten Aphrodite betet Sappho wohl um eine gute Seefahrt (εὔπλοια; vgl. Homer, *Ilias* 9,362 εὐπλοίη) ihres Bruders Charaxos (vgl. oben Fr. 5 Voigt), was naheliegt, da in den folgenden Versen seine Geliebte Doricha erwähnt wird.

5 Hier könnte ein bereits in Fr. 5,5 (ὄσσα δὲ πρ]όσθ' ἄμβροτε πάντα λῦσα[ι) geäußerter Wunsch folgen, wenn man (mit Fränkel) ὄσσα δὲ προσθ' ἄμβροτε und (mit Diehl) κῆνα λῦσαι liest: »worin er zuvor sich irrte, dass er dies wiedergutmache«.

9 ff. Wieder wird Aphrodite (Kypris) angefleht, Doricha zu verfluchen, damit sich Sapphos Bruder nicht noch einmal in sie verliebe, wobei dieser letzte Gedanke von der Ergänzung (Hunt) πόθεινον / εἰς ἔρον »zur ersehnten Liebe« abhängt.

16 Voigt

sapph. Strophe

⊗ ο]ἰ μὲν ἰππήων στρότον, οἰ δὲ πέσδων,
οἰ δὲ νάων φαῖσ' ἐπ[ὶ] γᾶν μέλαι[ν]αν
ἔ]μμεναι κάλλιστον, ἔγω δὲ κῆν' ὄτ-
τω τις ἔραται·
[–]
πά]γχυ δ' εὔμαρες σύνετον πόησαι
π]άντι τ[ο]ῦ̣τ', ἀ γὰρ πόλυ περσκέ̣θ̣ο̣ι̣σα
κ̣άλ̣λο̣ς [ἀνθ]ρ̣ώπων Ἐλένα [τὸ]ν ἄνδρα
τ̣ὸ̣ν̣ [αρ]ι̣στον
[–]
κ̣αλλ[ίποι]σ̣' ἔβα 'ς Τροΐαν πλέοι̣[σ̣α
κωὐδ[ὲ πα]ῖδος οὐδὲ φίλων το[κ]ήων
π̣ά[μπαν] ἐμνάσθ<η>, ἀλλὰ παράγ̣α̣γ' α̣ὔταν
`]σαν
[–]
]αμπτον γὰρ [
]. . .κούφωςτ[ ]οη.[.]ν̣
. .]μ̣ε̣ νῦν Ἀνακτορί[ας ὀ]ν̣έ̣μναι-
σ' οὐ] παρεοίσας,

[–]
τᾱ]ς <κ>ε βολλοίμαν ἔρατόν τε βᾶμα
κἀμάρυχμα λάμπρον ἴδην προσώπω
ἢ τὰ Λύδων ἄρματα κἀν ὄπλοισι
    πεσδομ]άχεντας.
[–]
        ].μεν οὐ δύνατον γένεσθαι
        ]ν ἀνθρωπ[. . (.) π]εδέχην δ᾽ ἄρασθαι
[ ]
[ ]
[ ]
[ ]
[ ]
    προς[
–
ὠσδ[
. .].[
.].[.]ωλ.[
    τ᾽ ἐξ ἀδοκή[τω. ⊗

⊗ Die einen sagen, ein Reiterheer, die anderen, ein Fußvolk,
noch andere sagen, eine Flotte sei auf der schwarzen Erde
das Schönste – ich aber: das, worin
    man verliebt ist.
Und durchaus leicht ist dies verständlich zu machen
jedem, denn Helena, weit übertreffend
an Schönheit alle Menschen, hat ihren Gatten,
    den (aller)besten,

verlassen, fuhr nach Troja zu Schiff
und weder ihres Kindes noch ihrer lieben Eltern
überhaupt sie gedachte, aber (Kypris?) leitete
sie fort …
… b)iegsam …
… leichthin …
lässt auch mich nun an Anaktoria denken,
die nicht hier ist,
deren verführerischen Schritt ich und das glänzende
Funkeln des Antlitzes lieber sehen möchte
als der Lyder Kriegswagen und gewappnete
Fußtruppen.
… es ist nicht möglich …
(dass die) Mensch(en …, aber sie können, um) ihren
Anteil
zu haben, beten
…
…
…
…
…
zu …
so …
…
…
unerwartet. ⊗

Helena und Anaktoria (Fr. 16 Voigt)

Eröffnet wird das Gedicht mit der berühmten Priamel (weitere Beispiele aus der archaischen Lyrik für diese Form sind Tyrtaios Fr. 12 W.², Xenophanes Fr. 2 W.² und Pindar, *Olympische Oden* 1). Als Beispiel für die Überlegenheit der Liebe in der Welt wird Helena gewählt, die außer ihrem Mann Menelaos auch das Kind und die Eltern vergaß, um ihrer Liebe zu folgen. Dieser Gedanke erinnert Sappho an die nunmehr ferne Anaktoria, ein Mädchen aus Milet, das den Thiasos verließ. Das Gedicht wurde u. a. als Trostlied für Sappho selbst und ihren Kreis und als Vorwurf an Anaktoria interpretiert, sie habe Sappho für ihren Bräutigam genauso im Stich gelassen wie Helena ihren Gatten Menelaos für Paris. Ebenfalls denkbar ist, dass sich Sappho mit Helena vergleicht, weil beide der Macht Aphrodites unterlagen. In dem Gedicht wurde ferner ein Enkomion der Anaktoria und ganz allgemein der Liebe gesehen bzw. eine Glaubenserklärung Sapphos an Aphrodite. Ein Vergleich zwischen den Versen 7–11 und Homer, *Odyssee* 4,261–264, mit Bezug auch auf den homerischen Aphrodite-Hymnus V. 33–44, ist vielsagend. Überhaupt sind die Homerismen zahlreich. Die Rolle der Helena wurde nicht nur als die einer Liebhaberin, sondern auch als die einer Geliebten gedeutet, wobei Sappho dann die Rolle des Menelaos zukäme.

12 Ob Aphrodite, nahezu obligatorisches Subjekt von παράγαγ' (V. 11), bereits hier erwähnt ist (Κύπρις ἔραισαν liest z. B. Hunt) oder erst in den folgenden ebenfalls lückenhaften

Versen, sei angesichts des schwer beschädigten Textes dahingestellt.

13 Dieser Vers wurde verschiedentlich emendiert: Während Wilamowitz bei dem positiven εὔκαμπτον (»leicht biegsam«) an das menschliche Herz für die Göttin denkt (vgl. auch Sitzler: καὶ μάλα γν]άμπτον γὰρ [ἔφυ βρότων κῆρ), legen Κύπρις ἄγν]αμπτον γὰρ [ἔθηκε θῦμον (Schubart) bzw. Κύπρις ἄγν]αμπτον γὰρ [ἔχει νόημμα (Di Benedetto) eine eher negativ konnotierte Wirkung der Aphrodite nahe, die dem menschlichen Sinn die Biegsamkeit nimmt oder ihn gar erstarren lässt.

18 Der Ausdruck ἀμάρυχμα evoziert wohl die χάρις des ledigen Mädchens, das wahrscheinlich »nicht hier ist« (V. 16), weil sie den Thiasos verlassen musste, um zu heiraten.

19 f. Das Gedicht endet vermutlich hier, was u. a. der ringkompositorische Rückgriff auf kriegerische Bilder als negatives Pendant zu dem suggeriert, was das lyrische Ich für das Schönste hält. Hatte sich das mythische Paradigma Helena im Banne einer hinreißenden Leidenschaft für Paris befunden, so ist die frisch geschilderte Sehnsucht nach dem Thiasos-Mädchen Anaktoria für Sappho ebenfalls durch die Macht der Aphrodite bedingt.

17 Voigt

sapph. Strophe

⊗ πλάσιον δη μ[
πότνι᾽ Ἦρα σὰ χ[
τὰν ἀράταν Ἀτ[ρέιδαι κλῆ-]

τοι βασίληες·
–
ἐκτελέσσαντες μ̣[
πρῶτα μὲν περι̣. [
τυίδ᾽ ἀπορμάθεν[τες
οὐκ ἐδύναντο
–
πρὶν σὲ καὶ Δί᾽ ἀντ[
καὶ Θυώνας ἰμε̣[
νῦν δὲ κ[
κὰτ τὸ πάλ̣[
–
ἄγνα καὶ κα̣[
π]αρθ[εν
ἀ]μφι. [
[ ]
[–]
[ ]
. [.] . νιλ[
ἔμμενα̣[ι
[?]ρ̣(᾽) ἀπίκε[σθαι ⊗

⊗ Nahe (zu mir) …
ehrwürdige Hera …
welche baten die Atriden … (be-
rühmte Herrscher;
–
nachdem sie bestanden …

zuerst um …
hier gelandet …
  konnten nicht …
–
bevor sie dich und Zeus Schü(tzer …
und Thyones liebrei(zenden Sohn
und nun auch …
  gemäß dem alten …
–
reine und schö(ne Dinge …
M)ädch(en …
um …
  …
[–]
…
…
sein …
  … (He)r(a) gelan(gen. ⊗

Gebet an die Göttertrias (Fr. 17 Voigt)

Hera (die als einzige direkt angeredet wird), Zeus (als ἀντίαος, »Beschützer der um Hilfe Flehenden«) und Dionysos (als Semeles Sohn, wobei »Thyone« ein Epitheton für Semele ist) bildeten eine Göttertrias, die in einem Heiligtum auf Lesbos, wohl außerhalb von Mytilene und in der Nähe des Meeres gelegen, verehrt wurde (am Phokeas-Kap?). Die gleiche Trias wird in einem aufgrund seiner Gebetsform ähnlichen Fragment von Sapphos Zeitgenossen Alkaios (Fr. 129 Voigt), wo Hera als Aioleia identifiziert wird, darum gebeten, den Dichter und seine Genossen von gegenwärtigen Beschuldigungen sowie dem Exil zu entlasten. Sappho mag sich des mythischen Exemplums der Atriden bedient haben, um an einen (sonst unbelegten) Präzedenzfall für ihr Gebet zu erinnern und somit ihre Handlung zu rechtfertigen. Der Zweck der Bitte und das konkrete Anliegen sind bei Sappho allerdings wegen des Textzustands unbekannt, wobei der persönliche Charakter des Gebets den Bezug auf eine offizielle Feier im Heiligtum eher ausschließt. Ob Sapphos Gedicht einen politisch konnotierten Inhalt hatte, indem sie hier für die Heimkehr verbannter Angehöriger betete, sei dahingestellt.

2 ff. Nach einer Rekonstruktion des Textes *machten* (θέσαν, Jurenka) die Atriden, *berühmte* (κλῆτοι, Edmonds) Herrscher, Hera zur *in Gebeten Angerufenen* (ἀράταν). Das mythische Beispiel der Atreus-Söhne Agamemnon und Menelaos rechtfertigt sich dadurch, dass sie auf der Heimfahrt von Troja am Ende des Kriegs und nach zu Lande und zu Wasser ausgehaltenen Anstrengungen (V. 5 f.) nicht weiterfahren konnten (V. 8), ohne sich auf Lesbos im Gebet an die drei Götter gewandt zu haben (nach der Rekonstruktion von Page). Die erste Strophe wurde auch als eine Missbilligung des Götterzorns angesehen (nicht anders als in Fr. 1,1–4 Voigt), wobei ἀράταν eine eher pejorative Konnotation hätte, was in dieser Passage eine mögliche Folie für Junos Sturm in *Aeneis* I erkennen ließe.

11 f. »Und nun auch …« würde ringkompositorisch den

Rückgriff auf die gegenwärtige Bitte der Sappho signalisieren, die hier, begleitet von den Thiasos-Mädchen (V. 14), allerdings wohl nicht bei einem öffentlichen Anlass, gemäß einem alten Ritual (V. 12) angemessene Kulthandlungen (V. 13) im Heiligtum vollziehen würde.

20 Dass hier der Wunsch geäußert wird, die Göttin möge hierher kommen (Milne liest Ἠρ' ἀπίκεσθαι), liegt wohl näher als ein denkbarer Wunsch Sapphos, selbst an einen unbestimmten Ort zu gelangen.

18 Voigt

sapph. Strophe

⊗ <π>άν κεδ[
<ἐ>ννέπην[
γλῶσσα μ[
4 μυθολογη̣[
–
κἀνδρι .[
μεσδον[

⊗ Alles ...
sagen ...
Zunge ...
4 erzähl ...
–
und dem Mann ...
größer ...

19 Voigt

sapph. Strophe

]
]μενοισα[
]θ' ἐν θύοισι[
] ἔχοισαν ἔσλ[
]
]ει δὲ βαισα[
]ὐ γὰρ ἴδμεν[
]ιν ἔργων
]
]δ' ὐπίσσω [
κ]άπικυδ[
]τοδ' εἴπη[

…
… bleibend …
… unter den Opfergaben …
… schöne Dinge habend …
…
… und gehend …
… denn wir wissen …
… von Werken …
…
… hinten …
… und dem Ruhm …
… dies zu sagen …

20 Voigt

sapph. Strophe

]επι.ε̣σμα[
]ε, γάνος δὲ και̣. . [
3]
τ]ύχαι σὺν ἔσλαι
λί]μ̣ενος κρέτησαι
γ]ᾶς μελαίνας
7]
]έλοισι ναῦται
] μ̣εγάλαις ἀήται[ς
]α κἀπὶ χέρσω
11]
:]μοθεν πλέοι.[
]δε τὰ φόρτι' εἰκ[
]νατιμ' ἐπεὶ κ.[
15]
]ρέοντι πόλλ̣. .[
]αιδέκα̣[
]ει
19]
]ι̣ν ἔργα
] χέρσω [
].α
23]
:]. .[

…
…, und Glanz und …
…
… mit gutem Glück …
… den Hafen erreichen …
… der schwarzen Erde …
…
… die Seefahrer wollen (nicht) …
… starke Winde …
… auf dem Festland …
…
… her fahr …
… die Ladung …
… weil …
…
… viel …
…
…
…
… Werke …
… Festland …
…
…
…

21 Voigt

sapph. Strophe

]
].επαβολης̣[
]α̣νδ᾽ ὄλοφυν [....]ε̣.
] τρομέροις π. [..]α̣λλα
5]
] χρόα γῆρας ἤδη [
]ν ἀμφιβάσκει [
]ς πέταται διώκων
9]
]τας ἀγαύας
]ε̣α, λάβοισα
]ι ἄεισον ἄμμι
13 ⌞τὰν ἰόκολπον⌟]
]ρ̣ων μάλιστα
]ας π[λ]άναται

...
...
... Jammer ...
... zitternd ...
5 ...
... die Haut (trocknet) das Alter nunmehr (aus) ...
... verwickelt ...
... fliegt folgend ...
9 ...
... der glanzvollen ...

…, die nimmt …
… singe uns …
13 die mit der Veilchenbrust …
… am meisten …
… umherirre …

Gesang und Alter (Fr. 21 Voigt)

Die Verbindung der Motive des Gesangs und des Alters ist insofern anders als in Fr. 58 Voigt artikuliert, als Sappho hier eine Einzelne bittet, ein Instrument zu nehmen und ihr, erst nach ihrem eigenen Lied, die ἰόκολπος zu besingen, während dort Sappho selbst singt, wenngleich sie aus Altersgründen auf das Spielen der Leier verzichten muss und eine andere spielen lässt.

22 Voigt

sapph. Strophe

]βλα.[
]εργον, . .λ᾽α. .[
]ν ῥέθος δοκιμ̣[
4]ησθαι
]ν̣ ἀυάδην χ.[
δ]ὲ μή, χείμων[
].οισαναλγεα.[
8]δε

..].ε̣.[....].[...κ]έλομαι σ.[
..] .γυλα .[...]α̣νθι λάβοισα . α .[
πᾶ]κτιν, ἄς σε δηὖτε πόθος τ̣. [
ἀμφιπόταται
–
τὰν κάλαν· ἀ γὰρ κατάγωγις αὔτ̣α[
ἐπτόαισ' ἴδοισαν, ἔγω δὲ χαίρω,
καὶ γ̣ὰρ αὔτ̣α δή πο̣[τ'] ἐμεμφ[
Κ]υπρογέν[ηα
[–]
ὠ̣ς ἄραμα̣[ι
τοῦτο τῶ[
β]όλλομα̣[ι

...
... Werk, ...
... Gesicht *glaub* ...
...
... gefallen ...
... nicht, Sturm ...
... Leiden ...
...
... ich lade dich ein ...
... [Gon]gyla, [o Kle-/Mel]anthis, ergriffen ...
die Pektis, bis [um] dich erneut die Begierde ...
umherfliegt,
–
(dich) die Schöne: denn das Gewand hat sie

verstört beim Anblick, und ich freue mich darauf,
und einmal tadelte sogar (*euch*) selbst
16 die Kyprosgeborene.
[–]
so bete ich …
dies …
ich will …

Gongylas Lied (Fr. 22 Voigt)

Einige der wichtigsten Elemente in Sapphos Dichtung wie Liebe, Musik, Mode und Kult sind in diesem schwer verstümmelten Fragment eng miteinander verknüpft: das lyrische Ich (Sappho?) fordert ein Mädchen dazu auf, ein anderes Mädchen namens Gongyla mit einem Saiteninstrument zu besingen, solange das erotische Verlangen sie ergreift. Das besungene Mädchen sei nämlich sehr attraktiv und ihr Gewand habe Gongyla bereits beim Anblick durcheinandergebracht. Bei der Beobachtung der ganzen Szene freut sich das lyrische Ich.

3 f. Die Ergänzung δοκίμ[ωμι sowie die Abhängigkeit des Infinitivs in V. 4 (]ησθαι) von diesem Verb ist angesichts von Fr. 56,1 Voigt nicht undenkbar.

10 Hinter den lesbaren Buchstaben . .] .γυλα . [. . .]ανθι lassen sich mit hoher Wahrscheinlichkeit zwei weibliche Namen erkennen: Während Gongyla auch in Fr. 95,4 Voigt belegt ist und als wahrscheinlich gilt (skeptisch sind Lobel und Di Benedetto), wurden für den Vokativ verschiedene Namensformen vorgeschlagen: Abanthis (Lobel), Melanthis oder Kleanthis (Di Benedetto).

10 Die Pektis ist ein Saiteninstrument (mit der *kithára* vergleichbar), das in erotischer Dichtung oft vorkommt und dessen Erfindung von der späteren Tradition sogar Sappho selbst zugeschrieben wurde.

13 f. Die καταγωγίς ist den byzantinischen Lexikographen zufolge ein weiblicher Mantel (eine Art *parápechy*, also wohl mit purpurfarbenen Ellenbogen): Für die Wirkung dieses Kleidungsstücks auf das Mädchen wird dasselbe Verb benutzt (ἐπτόαισ᾽) wie für die Wirkung beim Anblick des Mannes in Fr. 31 Voigt.

15 f. Gegen Ende ist von einem Vorwurf Aphrodites die Rede, der wohl (wie in Fr. 1 Voigt) keine ernsthaften Folgen befürchten lässt. Gegenstand der Rüge sind die beiden Mädchen, wenn man (mit Di Benedetto) ἐμεμφ[ετ᾽ ὔμμε liest (V. 15).

23 Voigt

sapph. Strophe

]ἔρωτος ἠλ̣π̣[
2]
αν]τιον εἰσίδως[
]Ἐρμιόνα τεαυ[τα
] ξάνθαι δ᾽ Ἐλέναι σ᾽ ἐίσ[κ]ην
6]κες
] .ις θνάταις, τόδε δ᾽ ἴσ[θι,] τὰι σᾶι

]παίσαν κέ με τὰν μερίμναν [
]λ̣αισ᾽ ἀντιδ[. .]΄[.]α̣θοις δὲ̣ [
]
]τας ὄχθοις [
]ταιν
παν]νυχίσ[δ]ην
] [

… der Liebe …
…
… wenn ich dich gegenüber anschaue …
… Hermione solche …
… und mit der blonden Helena dich vergleichen …
…
… für sterbliche Frauen, dies sollst du wissen in deinem [Herz], dass ich von allen Kummern
…
]
… die Ufer …
…
… die ganze Nacht durch feiern …
…

Hermiones Schönheit (Fr. 23 Voigt)

Von Hermione, der Tochter von Helena und Menelaos, wird bereits in der *Odyssee* (4,14) gesagt, sie sehe wie Aphrodite aus, aber – so bei Sappho – deren blonde Mutter sei noch schöner gewesen. Die beiden dienen als mythisches Paradigma für die Schönheit des vom lyrischen Ich angeredeten Mädchens: In einem sich steigernden Lobpreis wird sie zunächst mit Hermione, dann sogar mit Helena verglichen. Dass die Pointe des ganzen Gedichts darin bestehe, die beiden Vergleichspersonen aus der Perspektive des Alters zu betrachten, wobei Hermione für ein junges Mädchen, Helena für eine reife Frau stehe, erscheint wenig wahrscheinlich.

3–6 Der Sinn dieser Verse könnte (nach der Rekonstruktion von Page) folgender sein: Beim direkten Anblick erschiene nicht einmal Hermione so schön (τεαύτα) wie das angeredete Mädchen, wobei sogar ein Vergleich mit der blonden Helena nicht unpassend erscheine (V. 6 οὐδὲν ἄεικες, Wilamowitz).

7 Die Ergänzung von Wilamowitz αἰ θέμις orientiert sich an Catulls *si fas est* (c. 51,2) in dessen Sappho-Imitation (vgl. Fr. 31 Voigt): In Sapphos Welt ist es für sterbliche Frauen anscheinend erlaubt, sich mit unsterblichen (wie der Zeus-Tochter Helena, die an vielen griechischen Orten als Göttin verehrt wurde) zu vergleichen.

13 Hier ist von einer nächtlichen Feier die Rede: Eine *pannychís* wird auch in Fr. 30 Voigt geschildert, wobei die Mädchen die ganze Nacht hindurch feiern und ein Hochzeitslied singen.

24 Voigt

sapph. Strophe

a

]ανάγα̣[
].[ ]εμνάσεσθ' ἀ[
κ]αὶ γὰρ ἄμμες ἐν νεό[τατι
ταῦ̣τ̣' ἐ̣πόημμεν·
–
πό̣λ̣λ̣α̣ [μ]ὲν γὰρ καὶ κά[λα
. . .η̣ .[ ]μεν, πολι[
. μμε̣[.]ο[.]είαις δ̣[
.]. .[.]. .[

…
… ihr werdet euch erinnern …
denn auch wir in der Jug[end
haben dasselbe getan:
–
denn viele und schöne (Dinge)
…, Stadt/Bürger …
…
…

b

. [
–
ṭọ.[
γα̣.[.]. . [
ἀνδά[
].αι.[

c

]νθα[
ζ]ωομ[εν
]ω̣· ν. .[
]εναντ[

]ạπάππ[
τ]όλμαν[
]ανθρω[
]ονεχ[

]παισạ[

d

].έδαφο[
]ạικατε [
]ανέλọ[
]

]. [ ].αι
λ]επτοφών [
].εạ.[

b

…
–
…
…
gefal(len) …
…

c

…
… wir leben …
…
…

…
… Kühnheit …
… Mensc(h …
…

… ganz(e) …

d

…
…
…
]

…
… dünn-
stimm(ig) …
…

25 Voigt

sapph. Strophe

]γμ̣ε.[
]προλιπ[
]νυᾶσεπ[
ἄ]βρα·
ἐ]γλάθαν᾿ ἐς[
]ησμεθα[
]νυνθαλα[

…
… verlass …
…
… zart(e):
… ließ vergessen
…
… *für einen Augenblick* …

26 Voigt

sapph. Strophe

]θαμέω[
ὀ,ττιναις γὰρ
εὖ θέω, κῆνοί με μᾴλ̣ιστα πά[ντων
σίνοντα]ι̣
] ἀλεμάτ[
].γονωμ̣[
].ι̣μ᾿ οὐ πρ[

]αι
] σέ, θέλω[
]το πάθη[
].αν, ἔγω δ᾽ ἔμ᾽ ιαὔται
τοῦτο σύ͵νοιδα
] . [.] .τοισ[. . .] . [
]εναμ̣[
] . [.] . [

. . .
. . . denn diejenigen, denen
ich Gutes tue, schaden mir am meisten
von allen
. . .
. . .
. . .
. . .
. . . dich, ich will . . .
. . . dies leiden . . .
. . . , aber ich mit mir selbst
dessen bin ich mir bewusst
. . .
. . .
. . .

27 Voigt

sapph. Strophe

]κ̣αιπ̣[
] . [.] . [.]ν̣ος[
3]σι·
. . .]. καὶ γὰρ δ̣ὴ σὺ πάις ποτ[
. . .]ι̣κ̣ης μέλπεσθ᾽ ἄγι ταῦτα[
. .] ζάλεξαι, κἄμμ᾽ ἀπὺ τωδεκ[
7 ἄ]δρα χάρισσαι·
[–]
σ]τείχομεν γὰρ ἐς γάμον· εὖ δε[
κα]ὶ σὺ τοῦτ᾽, ἀλλ᾽ ὄττι τάχιστα[
πα]ρ̣[θ]ένοις ἄπ[π]εμπε, θέοι[
11]εν ἔχοιεν
] ὄδος μ[έ]γαν εἰς Ὄλ[υμπον
ἀ]νθρω̣[π]αίκ. [. . .

…
…
3 …
… denn auch du [warst] einst ein Mädchen
… singen; nun auf, von diesen Dingen
… rede, und auch uns von …
7 großzügig im Gönnen:
[–]
lass uns darum zur Hochzeit gehen: und wohl [weißt]
auch du dieses, aber am schnellsten …
schicke Mädchen zu, und die Götter …

11 ... mögen haben ...
... der Weg auf den hohen Olymp ...
... M]ensc[h ...

Auf dem Weg zur Hochzeitsfeier (Fr. 27 Voigt)

Hier wird eine Dame, die wohl einen Mädchenkreis leitet, der mit jenem um Sappho vergleichbar ist, an ihre Jugend erinnert – wohl als Argument, um sie zu überreden. Denn anschließend wird sie gebeten, ihre Mädchen zu einer Hochzeit zu schicken, an der vermutlich auch Sapphos Mädchen teilnehmen und dabei singen werden: Brauchen sie Verstärkung für die Hochzeits-Performance? Die Wir-Form lässt an eine chorische Performance der Thiasos-Mädchen denken, wobei die Tatsache, dass die Gruppe gerade zu einer Hochzeit geht (V. 8), nicht auf ein Hochzeitslied – und auch nicht unbedingt auf einen öffentlichen Vortrag schließen lässt.

28 Voigt

sapph. Strophe

a

]ν̣[. .].[
]ιτασαδ[
].ανοεισαι[
]πο̣[

b

]ζ[.].[
]τες χθό[
]σ̣θ᾽ ἐ̣[. .]σι[
].ας[
]κ[

c

]. . .[
]πα[
]εξα[
]νε[
].[

a

…

…

… *denken* …

…

b

…

… *Erde* …

…

…

…

c

…

…

…

…

…

29 Voigt

sapph. Strophe

a

].ι̣ω̣ν[

]μ̣έτριακα̣[

β]ά̣θυ δου.[

]α̣ν̣[

b

]

]ανταμε̣[

].ι̣ πότνια[

]α̣ψατ[

]ο̣ν

c

]πεπλ[

].ι[.]ορ̣μοισ[.] τ̣ε̣[

3].[. . .].[.]ω̣

].α[. . .].[. .]α̣π̣οι̣[

].ω[. . . .]τ̣[

].ι̣γο̣[. . .]. .[. . . . . .].[

7].

]. [.]λμ̣[ ]. [.]. [

]ντε Γ̣όρ̣γο̣ι̣ .[.]. [

]δε· [ ]. .[. .]ʹ [

11].μ.[

d

]δ̣έμαυ̣[

]νίψοι̣[

]ντ̣ι̣. [

] [

e

]προσ̣τετο̣[

]τ̣ισιν· κα[

].γο̣[

f

]

]᾿εδόνη[
]ạπάμ̣[
]ρ̣ῆσμε̣.[
]

:]δαι ζαφ[
]μ̣[

g
]. .[
]ναισ̣υ̣[
]εγνωσι. [
]ανδρασβ[

h
][
].οισạ[.].
Γ]ύριννοι
].αυταν
]

]σ᾿ ἔοισαν
]λοισα
].[

i
]ρ[
]ν̣δημεν.[
].αβασκο.[
]κ̣[.]ναλ[
]. [.]. .[.

a
…
…
tief …
…

b
…
…
… ehrwürdige
……

c
…
… *Häfen* …
…
3 …
…
…
…
…
…

7 …
…
…
… Gorgo …
…
…
11 …

d
…
… *hoch* …

…

… die ist …

…

…

e

…

…

…

f

…

…

…

…

…

… *umheri[rr-* …

…

g

…

…

…

…

h

…

…

Gyrinno

…

i

…

…

…

…

…

30 Voigt

sapph. Strophe

νύκτ[. . .] . [

–

πάρθενοι δ[
παννυχίσδοι̣[σ]α̣ι̣[
σὰν ἀείδοισ̣[ι]ν φ[ιλότατα καὶ νύμ-
φας ἰοκόλπω.

–

ἀλλ᾽ ἐγέρθε̣ι̣ς, ἠΐθ[ε
στεῖχε σοὶς ὐμάλικ̣[ας
ἤπερ ὄσσον ἀ λιγ̣ύφω̣[νος
ὔπνον [ἴ]δωμεν.

–

⊗

Nacht …

–

und die Mädchen …,
die durch die ganze Nacht feiern,
deine Liebe besingen und der
Braut mit der Veilchenbrust.

–

Nun wach auf, Junge
und geh zu deinen Gleichaltrigen …
damit wir einen [kürzeren], wie der/die helltönende …,
Schlaf sehen.

– ⊗

An einen Bräutigam (Fr. 30 Voigt)

Der Adressat ist ein Bräutigam, der aufgefordert wird, zu den gleichaltrigen unverheirateten Männern zu gehen. So werden die Mädchen, von denen gesagt wird, sie feierten die ganze Nacht und besängen die Liebe der Brautleute, jene Nacht so gut wie gar nicht schlafen. Kürzlich wurde die Vermutung geäußert, auch in diesem Fragment liege eine in Epithalamien übliche Situation vor: das Motiv des Hinausgehens aus dem Hochzeitszimmer am Morgen nach der Brautnacht (vgl. Fr. 110 und 111 Voigt).

8 Ob hier ein Vogel (die Nachtigall?) oder ein Mädchen gemeint ist (anhand von Martial I 53,9 *multisona … Atthide* wurde eine Ἄτθις vorgeschlagen), lässt sich nicht eindeutig bestimmen.

31 Voigt

sapph. Strophe

⊗ φαίνεταί μοι κῆνος ἴσος θέοισιν
ἔμμεν᾿ ὤνηρ, ὄττις ἐνάντιός τοι
ἰσδάνει καὶ πλάσιον ἆδυ φωνεί-
σας ὐπακούει
καὶ γελαίσας ἰμέροεν, τό μ᾿ ἦ μὰν
καρδίαν ἐν στήθεσιν ἐπτόαισεν·
ὠς γὰρ <ἔς> σ᾿ ἴδω βρόχε᾿ ὤς με φώναι-
σ᾿ οὐδὲν ἔτ᾿ εἴκει,
ἀλλὰ †καμ† μὲν γλῶσσα †ἔαγε†, λέπτον
δ᾿ αὔτικα χρῶι πῦρ ὐπαδεδρόμακεν,
ὀππάτεσσι δ᾿ οὐδὲν ὄρημμ᾿, ἐπιβρό-
μεισι δ᾿ ἄκουαι,
†έκαδε† μ᾿ ἴδρως κακχέεται, τρόμος δὲ
παῖσαν ἄγρει, χλωροτˌέρα δὲ πˌοίας
ἔμμι, τεθˌνάκην δ᾿ ὀˌλίγω ᾿πιδεˌύης
φαˌίνομ᾿ ἔμ᾿ αὔτ̣[αι.
ἀλλὰ πὰν τόλματον, ἐπεὶ †καὶ πένητα†

Es scheint mir Göttern gleich jener
Mann zu sein, der dir gegenüber
sitzt und nahe dir, wenn du süß redest,
zuhört,
und wenn du liebreizend zulächelst – das wahrlich
hat mein Herz in der Brust erschüttert:
Sobald ich auf dich blicke, kurz,
vermag ich keinen Laut mehr zu sprechen,

aber meine Zunge *zerbricht*, und fein
sofort ein Feuer läuft mir unter die Haut,
und mit den Augen nichts mehr sehe ich, und es dröhnen
mir die Ohren,
und in mir ergießt sich der Schweiß, und ein Zucken
ergreift mich ganz, und grüner als das Gras
bin ich, und vom Totsein kaum entfernt
erscheine ich mir selbst.
Aber alles kann man durchhalten, weil …

Das Liebessymptomgedicht (Fr. 31 Voigt)

Adressatin dieses berühmten Lieds, das in der anonymen Schrift Περὶ ὕψους überliefert ist, ist eine weibliche Figur. Dieser teilt das weibliche lyrische Ich die Gefühle mit, die in ihr der Anblick eines Mannes erregt, der mit der Adressatin liebäugelt. Es folgt die nahezu klinische Beschreibung der Liebessymptome, unter denen die Sprecherin leidet. Diese Dreierkonstellation hat viele Interpreten von einem »Eifersuchtsgedicht« sprechen lassen. Unter den zahlreichen Deutungen dieses immer noch kontrovers diskutierten Gedichts seien folgende erwähnt: Es wurden Merkmale eines Hochzeitslieds erkannt, u. a. der vermeintliche *makarismos* im Ausdruck ἴσος θέοισιν, »gleich den Göttern« (V. 1), also »glücklich wie ein Gott« (so bereits Wilamowitz und Snell, der seine These später partiell revidierte); auf diese These reagierte man mit dem richtigen Argument, dass solche Leidenschaftsausbrüche mit einem Epithalamion unvereinbar seien, wobei zuzugestehen sei, dass die Akteure des Gedichts ein Mann und eine Frau sind, welche mit ihrem Verhalten Sapphos Eifersucht sowie ihre Selbsttröstung veranlassen. Heute wird die alte These wieder aufgegriffen, indem man an eine indirekte Form des *makarismos* durch Sappho denkt. In diesem Sinne würde die Dichterin ihrer Verzweiflung beim Anblick der Liebenden Ausdruck geben, wobei offen bleiben muss, ob es sich wirklich um ein Epithalamion handelt oder nur um eine Umkehrung der epithalamischen Tradition für eine Performance im Thiasos. Sapphos Liebe könnte sich andererseits in einer noch geheimen, aber schon unglücklichen Anfangsphase befinden. Die Annahme, hier werde eine »Angstattacke« beschrieben, wurde zu Recht zurückgewiesen, wobei die Annahme einer Liebeserklärung an das Mädchen nicht wahrscheinlicher klingt. Die bei Sappho beschriebenen Symptome wurden in griechischen Volksliedern wiedererkannt, und zwar mit dem Schluss, dass sich die Sprecherin – also nicht unbedingt Sappho – mit dem sitzenden Mädchen identifiziere und darunter leide, dass sie sich nicht wie diese der Gesellschaft eines Mannes erfreuen kann, der sie heiraten wird. Parallelen zur Kontrastfigur – bei Sappho ist es der Mann – wurden u. a. bei Ibykos (*PMGF* 286) und Pindar (Fr. 123 Sn.–M.) gefunden (vgl. auch *Anthologia Palatina* XII 151). Die hippokratische Medizinsprache bietet viele Parallelen zu Sapphos Symptomatik. In einer Debatte über Realitätsbezug und Imagination zwischen den Vertretern einer reinen Imagination dieser Szene durch Sappho und den Vertretern einer Kombination von imaginiertem Bild (am Anfang, wenn der Mann erscheint, der das Mädchen geheiratet hat) und reeller Ansprache an das Mädchen (in der letzten Strophe), erscheinen m. E. die Argumente der letzteren artikulierter und wahrscheinlicher. Das Lied verdankt seine Berühmtheit nicht zuletzt der Imitation durch Catull (*c.* 51):

ille mi par esse deo videtur,
ille, si fas est, superare divos,
qui sedens adversus identidem te
spectat et audit
dulce ridentem, misero quod omnes
eripit sensus mihi: nam simul te,
Lesbia, aspexi, nihil est super mi
<vocis in ore;>
lingua sed torpet, tenuis sub artus
flamma demanat, sonitu suopte
tintinant aures geminae, teguntur
lumina nocte.
otium, Catulle, tibi molestumst:
otio exsultas nimiumque gestis:
otium et reges prius et beatas
perdidit urbes.

1 Der Ausdruck ἴσος θέοισιν formt epische Wendungen wie ἰσόθεος bzw. δαίμονι ἴσος um, wobei eine spezielle Konnotation im Sinne von Hochzeitsglückwünschen, die bei Sappho gelegentlich gesehen wurde, trotz Fr. 44,21 Voigt ἴ]κελοι θέοι[ς,

34 ὕμνηv δ᾽ Ἔκτορα κἈνδρομάχαν θεο<ε>ικέλο[ις unbegründet erscheint (vgl. Fr. 68A,3 Voigt ἴσαν θέοισιν, Fr. 96,4 f. Voigt σε †θεασικελαν ἀρι-/γνωτα†).

2 Ob ὄττις als indefinites Pronomen einen generischen (»wer auch immer«) bzw. als Relativpronomen den spezifischen, individuellen Wert (»welcher«) hat, ist nicht eindeutig zu klären, wobei Letzteres plausibler erscheint.

3 ff. Diese Verse inspirierten Horaz zu *c.* I 22,23 f. *dulce ridentem Lalagen amabo, / dulce loquentem.*

6 Das Verb πτόαιμι gehört fest in den erotischen Wortschatz, wie auch weitere Lyriker bezeugen (Alkaios, Fr. 283,3 f. Voigt, Theognis 1017 ff., Anakreon, Fr. 60,10 f.).

7 ff. Hier beginnt die Aufzählung der Liebessymptome, die u. a. Lukrez aufgegriffen hat (III 154 ff. *sudoresque ita palloremque existere toto / corpore et infringi lingua, vocemque aboriri, / caligare oculos, sonere auris, succidere artus*); eine Rezeption von V. 13 in Senecas *Troerinnen* 487 f. und in Apuleius, *Metamorphosen* I 13, II 30, X 10 ist denkbar.

13 Unter den zahlreichen Versuchen, diesen korrupten Vers wiederherzustellen, verdient κάδ᾽ δ᾽ ἴδρως ψύχρος χέεται (Citti/Neri) aufgrund einiger Imitationen (Seneca, *Troerinnen* 487 f. und Apuleius, *Metamorphosen* I 13, II 30, X 10) Beachtung.

32 Voigt

sapph. Strophe

αἴ με τιμίαν ἐπόησαν ἔργα
τὰ σφὰ δοῖσαι

… die mich ehrenvoll machten, indem sie die Werke,
die ihrigen mir schenkten

Musengaben (Fr. 32 Voigt)

Subjekt sind hier wohl die Musen. Dieses Fragment sollte somit in die Reihe der Aussagen Sapphos über ihre Ruhmeserwartung eingeordnet werden: So manifestiert sie z. B. in Fr. 55 Voigt ihre Verachtung gegenüber einer Rivalin, die nach deren Tod nicht in Erinnerung bleiben werde, weil sie kein poetisches Talent habe. Mit ἔργα ist die dichterische Tätigkeit gemeint, dank der Sappho soziales Prestige gewinnen kann (im Zusammenhang mit Fr. 147 Voigt ist eine »Polemik gegen das weibliche Geschlecht« möglich).

33 Voigt

sapph. Strophe

αἴθ᾽ ἔγω, χρυσοστέφαν᾽ Ἀφρόδιτα,
τόνδε τὸν πάλον <. . . . . .> λαχοίην

Möge ich, goldgekränzte Aphrodite,
dieses Schicksal <. . . . . . > erhalten

An Aphrodite um das eigene Los (Fr. 33 Voigt)

χρυσοστέφανος ist ein konventionelles Epitheton für Aphrodite (vgl. Aphrodite-Hymnus, V. 1; als Epitheton für Hebe: Hesiod, *Theogonie* 17; das homerische Epitheton, das am ähnlichsten klingt, ist εὐστέφανος, *Odyssee* 8,267). Das ersehnte Los ist wohl eher existentieller Natur als auf die Kontingenz einer Liebesnot bezogen. Es ist das zweite Beispiel für ein Gebet an Aphrodite nach dem Eröffnungsgedicht (Fr. 1 Voigt). Zu dieser Göttin hat Sappho eine privilegierte Beziehung (vgl. auch Fr. 65, 86 und 134 Voigt).

34 Voigt

sapph. Strophe

ἄστερες μὲν ἀμφὶ κάλαν σελάνναν
ἂψ ἀπυκρύπτοισι φάεννον εἶδος
ὄπποτα πλήθοισα μάλιστα λάμπηι
γᾶν. . . .

* * *

ἀργυρία

Und die Sterne rings um den schönen Mond
wieder verbergen ihr glänzendes Gesicht,
sooft er als Vollmond am meisten erhellt
4 die Erde …

* * *

… silberne …

Sterne und Mond (Fr. 34 Voigt)

Die Folie für dieses Bild ist in der *Ilias* 8,555 ff. leicht zu erkennen (ὡς δ᾽ ὅτ᾽ ἐν οὐρανῷ ἄστρα φαεινὴν ἀμφὶ σελήνην / φαίνετ᾽ ἀριπρεπέα, ὅτε τ᾽ ἔπλετο νήνεμος αἰθήρ· / ἔκ τ᾽ ἔφανεν πᾶσαι σκοπιαὶ καὶ πρώονες ἄκροι / καὶ νάπαι· οὐρανόθεν δ᾽ ἄρ᾽ ὑπερράγη ἄσπετος αἰθήρ, / πάντα δὲ εἴδεται ἄστρα, γέγηθε δέ τε φρένα ποιμήν). Wie spätere Imitatoren (u. a. Quintus Smyrnaeus 1,37 ff. und Nonnus 41,256 ff.) richtig verstanden, wird hier ein wunderschönes Mädchen mit dem Mond, weitere schöne Mädchen mit den Sternen verglichen. Die Argumente für die Herkunft dieser Verse aus einem Hymenäus gründen auf einer späteren, unsicheren Topik. Ein ähnliches Bild findet sich im berühmteren Fr. 96 Voigt.

35 Voigt

sapph. Strophe

ἤ σε Κύπρος ἢ Πάφος ἢ Πάνορμος

oder dich Kypros oder Paphos oder Panormos

Aphrodites Orte (Fr. 35 Voigt)

Die Insel Zypern (Kypros) sowie Paphos, die Stadt an der zyprischen Südwestküste, stehen in enger Verbindung mit Aphrodite, so dass sich eine Anrede an die Göttin durchaus anbietet. Eine ähnliche Kombination befindet sich bei Alkman (PMGF 55 Κύπρον ἱμερτὰν λιποῖσα καὶ Πάφον περιρρύταν), Aischylos (Fr. 463 Radt Κύπρου Πάφου τ' ἔχουσα πάντα κλῆρον) und Horaz (c. I 30,1 ff. *o Venus regina Cnidi Paphique / sperne dilectam Cypron*). Für Panormos wurde in erster Linie an die sizilianische Stadt (Palermo) gedacht (dagegen Wilamowitz), wobei eine Identifikation mit einem Dorf gleichen Namens an der Nordküste Kretas, dessen Wurzeln bis in die minoische Zeit zurückreichen, näher liegt. Es wurde vermutet, dass auch hier wie in Fr. 2 Voigt Aphrodite zu einem Fest herbeigerufen wird.

36 Voigt

sapph. Strophe?

καὶ ποθήω καὶ μάομαι

und ich begehre und erheische

Begierde (Fr. 36 Voigt)

Dieses Fragment für nicht zwingend erotisch zu halten, grenzt an Spitzfindigkeit, zumal der einzige weitere Beleg für eine solche Verbindung in der Inschrift auf einer attischen Vase des 5. Jahrhunderts. v. Chr. zu lesen ist (Kretschmer, *Vaseninschriften*, 86, Nr. 54: μάμε καὶ ποτέω). Deren Kontext evozierte wohl kaum etwas anderes als die erotische Sphäre (z. B. beim Symposion), was die Junktur als eine Art standardisierte Liebessprache erscheinen lässt (selbst für den unbeweisbaren Fall, dass es sich bei der Vaseninschrift um eine Sappho-Reminiszenz, eine Art gesunkenes Kulturgut, handeln sollte).

37 Voigt

sapph. Strophe (vv. 2 f.)

κὰτ ἔμον στάλαχμον

* * *

τὸν δ' ἐπιπλάζοντ' ἄνεμοι φέροιεν
καὶ μελέδωναι

für mein Jammern

* * *

Wer aber mich rüffelt, mögen ihn die Winde forttragen
und die Kümmernisse

Vom Winde verweht (Fr. 37 Voigt)

Ein ähnliches Bild von den Winden, die hin und her tragen, ist bereits homerisch (*Odyssee* 5,330 ὡς τὴν ἂμ πέλαγος ἄνεμοι φέρον ἔνθα καὶ ἔνθα), die kühne Paarung von Konkretem und Abstraktem ist jedoch neu und durchaus lyrisch. Die Beliebtheit des Windgleichnisses bei Sappho zeigt auch Fr. 47,2 Voigt (vgl. auch den Sappho-Kommentar Fr. 90a col. III 22 f. Voigt μοι ζεφύρω πνευμα[/ σοὶ δ᾽ ἀν[εμ]οφόρετο[).

38 Voigt

sapph. Strophe

ὄπταις ἄμμε

du brätst uns

Kochende Liebe (Fr. 38 Voigt)

Eine gewagte Metapher aus der Liebessprache, welche große Beliebtheit bei hellenistischen Dichtern genoss (Theokrit 7,55 ὀπτεύμενον ἐξ Ἀφροδίτας, 23,24 τὰν κραδίαν ὀπτεύμενος; Kallimachos, *Epigr.* 43,5 ὤπτηται μέγα δή τι; Meleager, *Anthologia Palatina* XII 92,7 f. ὀπτᾶσθ᾽ ἐν κάλλει, τύφεσθ᾽ ὑποκαόμενοι νῦν, / ἄκρος ἐπεὶ ψυχῆς ἐστὶ μάγειρος Ἔρως – mit dem konsequenten Bild von Eros als Koch).

39 Voigt

sapph. Strophe

πόδα<ς> δὲ
ποίκιλος μάσλης ἐκάλυπτε, Λύδι-
ον κάλον ἔργον

und die Füße
bedeckte ein bunter Schuh, lydi-
sches feines Werk

Lydischer Schuh (Fr. 39 Voigt)

Das Wort μάσλης steht allgemein für »Leder«, hier aber (wie Hesych μ 332 erklärt) für einen purpurfarbenen Schuh (das Wort ist auch im Alkaios-Fragment 143, *col.* 2,12 Voigt zu lesen).

40 Voigt

sapph. Strophe

σοὶ δ᾽ ἔγω λεύκας †επιδωμον† αἶγος

* * *

κἀπιλείψω τοι . . . .

und dir einer weißen … Ziege

* * *

und ich werde dir spenden …

Eine Opfergabe (Fr. 40 Voigt)

Das Fragment wurde mit der Beschreibung einer Opfergabe an Aphrodite bei Philostratos (*Imag.* 2,1,1 f.) in Verbindung gesetzt (Bergk²). Hinter †επιδωμον† wurde ἐπὶ βῶμον »auf dem Altar« vermutet (Bekker).

41 Voigt

sapph. Strophe

ταὶς κάλαισ᾽ ὔμμι <τὸ> νόημμα τὦμον
οὐ διάμειπτον

Euch gegenüber, den schönen, soll sich meine Ansicht
nie ändern

42 Voigt

sapph. Strophe

ταῖσι <–> ψῦχρος μὲν ἔγεντο θῦμος
πὰρ δ᾽ ἴεισι τὰ πτέρα

denen <–> frostig wurde das Gemüt
und sie lassen die Flügel fallen

Tauben (Fr. 42 Voigt)

Der Zitatträger (ein Scholion zu Pindars *Pythischer Ode* 1,10a) informiert uns, dass es sich hier um Tauben handelt.

43 Voigt

gl 2d suppl. possis

]α̣ι̣·
]
]λ̣ε̣ται̣
] ⟦κ⟧αλος
]. ἄκαλα κλόνει
] κάματος φρένα
]ε̣ κ̣ατισδάνε[ι]
] ἀλλ᾽ ἄγιτ᾽, ὦ φίλαι,
], ἄγχι γὰρ ἀμέρα. ⊗

...
...
...
...
... erschüttert sanft ...
... die Mühe den Sinn ...
... setzt sich ...
... aber auf, ihr Lieben ...
..., denn der Tag naht. ⊗

Aus einem Hochzeitslied? (Fr. 43 Voigt)

Im Fragment wurde ein Hochzeitslied erkannt (Wilamowitz). In V. 5 ist wohl vom Wind die Rede, der die Blätter wiegt (vgl. Homer, *Ilias* 20,490 und 23, 213).

44 Voigt

gl[2d]

Κυπρο̣.[– 22 –]ας̣·
κάρυξ ἦλθε̣ θε̣[– 10 –]ελε̣[...].θεις
῎Ιδαος ταδεκα . . . φ[. .] . ις τάχυς ἄγγελος
< « >
τάς τ' ἄλλας Ἀσίας . [.]δε . αν κλέος ἄφθιτον·
῎Εκτωρ καὶ συνέταιρ̣[ο]ι ἄγοι̣σ' ἐλικώπιδα
Θήβας ἐξ ἰέρας Πλακίας τ' ἀπ̣'[ἀϊ]ν<ν>άω
ἄβραν Ἀνδρομάχαν ἐνὶ ναῦσιν ἐπ' ἄλμυρον

πόντον· πόλλα δ᾽ [ἐλί]γματα χρύσια κἄμματα
πορφύρ[α] καταΰτ[με]να, ποί̣κ̣ιλ᾽ ἀθύρματα,
ἀργύρα̣ τ̣᾽ ἀνά̣ρι⸥θμα ⸤ποτή⸥ρια⸥ κἀλέφαις».
ὤς εἶπ᾽· ὀτραλέως δ᾽ ἀνόρουσε πάτ[η]ρ̣ φίλος·
φάμα δ᾽ ἦλθε κατὰ πτ̣όλιν εὐρύχο̣ρο̣ν φίλοις.
αὔτικ᾽ Ἰλίαδαι σατίναι[ς] ὐπ᾽ εὐτρόχοις
ἆγον αἰμιόνοις, ἐ̣π̣[έ]βαινε δὲ παῖς ὄχλος
γυναίκων τ᾽ ἄμα παρθενίκα[ν] τ . . [. .] . σφύρων,
χῶρις δ᾽ αὖ Περάμοιο θυγ[α]τρες[
ἴππ[οις] δ᾽ ἄνδρες ὔπαγον ὐπ᾽ ἄρ̣[ματα
π[ ]ες ἠΐθεοι, μεγάλω[σ]τι δ̣[
δ[ ]. ἀνίοχοι φ[. . . . .] . [
π̣[´]ξα.ο[
< desunt aliquot versus >
ἴ]κελοι θέοι[ς
] ἄγνον ἀολ[λε
⸤ὄ̣ρματα̣ι̣⸥[ ]νον ἐς Ἴλιο[ν
⸤αὔλος δ᾽ ἀδυ[μ]έλης⸥[ ]τ᾽ ὀνεμίγνυ[το
⸤καὶ ψ[ό]φο[ς κ]ροτάλ⸥[ων]ως δ᾽ ἄρα πάρ[θενοι
⸤ἄειδον μέλος ἄγν⸥[ον ἴκα]νε δ᾽ ἐς αἴ̣θ̣[ερα
⸤ἄχω θεσπεσία̣ γελ⸥[
⸤πάνται δ᾽ ἦς κὰτ ὄδο⸥[ις
⸤κράτηρες φίαλαί τ᾽ ὀ⸥[. . .]υεδε[. .] . . εακ[.] . [
⸤μύρρα καὶ κασία λίβ⸥ανός τ᾽ ὀνεμείχνυτο
⸤γύναικες δ᾽ ἐλέλυσδο⸥ν ὄσαι προγενέστερα[ι
⸤πάντες δ᾽ ἄνδρες ἐπ⸥ήρατον ἴαχον ὄρθιον
⸤πάον᾽ ὀνκαλέοντες⸥ Ἐκάβολον εὐλύραν,
⸤ὔμνην δ᾽ Ἔκτορα κ᾽Ἀ⸥νδρομάχαν θεο<ε>ικέλο[ις. ⊗

Kypro-[– 22 –] …
es kam der Herold … [– 10 –] …
Idaos … schneller Bote
< » >
und vom übrigen Asien … unauslöschlicher Ruhm:
Hektor und seine Gefährten tragen die hellblickende fort
aus dem heiligen Theben und aus der ewigströmenden Plakia,
die zärtliche Andromache auf den Schiffen durch das salzige
Meer: und viele goldene Armbänder und Kleider,
purpurfarbene, *beim Wehen des Windes*, bunte Vergnügungen,
und unzählige silberne Trinkschalen und aus Elfenbein.«
So sagte er; und geschwind erhob sich der liebende Vater.
Die Meldung kam durch die geräumige Stadt zu den Freunden;
und sofort setzten die Frauen Ilions vor die Gespanne mit
den schönen Rädern die Maultiere, und darauf stieg das ganze Volk
der Frauen und zugleich der Jungfrauen mit den … Knöcheln,
und dann, getrennt, die Töchter des Priamos …,
und die Pferde setzten die Männer vor die Karren,
die [ganzen] Jünglinge, und großartig
… die Wagenlenker …
…

< *Es fehlen einige Verse* >

… ähnlich den Göttern
] erhaben allesamt
eilt … gegen Ilios
und der süßtönende Aulos … mischten sich
und das Geräusch der Kastagnetten … und die Mädchen
sangen ein erhabenes Lied und es reichte bis zum Himmel
der übernatürliche Schall …
und überall auf den Straßen gab es …
Krüge und Opferschalen …
Die Düfte von Myrrhe, Zimt und Weihrauch mischten sich
und die Frauen riefen den Opferschrei, die älteren,
und alle Männer ließen den beliebten gellenden Ton hallen,
den Paian rufend, den weitschießenden mit der schönen Leier,
und sangen ein Loblied für Hektor und Andromache, die gottähnlichen. ⊗

Hektor und Andromache (Fr. 44 Voigt)

Es handelt sich um ein Fragment mythologischen Inhalts, das aus etwa 34 Versen besteht und von dem wir mit Sicherheit den Schlussteil lesen können. Erzählt wird von den Vorbereitungen für die Hochzeit von Hektor und Andromache (zweimal als »gottgleich« bezeichnet). Mit großem Detailreichtum und in jedem Aspekt des feierlichen Rituals samt Opfern und Gesängen wird die Hochzeitsszene geschildert: Dies würde gut zu einem realen Epithalamion passen, wobei die aktuelle Verknüpfung mit der wohl bevorstehenden Hochzeit eines Mädchens aus Sapphos Thiasos implizit bleibt. In durchaus unepischer Weise konzentriert sich die Erzählung auf ein glückliches Segment aus dem Leben der beiden epischen Figuren Hektor und Andromache – die Hochzeit –, wobei jedes traurige Element, welches das tragische Schicksal des Paares erahnen ließe, keinen Platz findet – was für die Theorie eines tatsächlich aufgeführten Hochzeitslieds kein Hindernis bedeutet. Die ganze Erzählung scheint sich nach dem Muster einer realen Zeremonie zu artikulieren, mit einem eröffnenden Gesang durch die Jungfrauen, Geschrei der Frauen sowie einem Lied der Männer zu Ehren Apollons und der Brautleute. An ein bei einem öffentlichen Zug durch die Stadt gesungenes Hochzeitslied wurde auch plausibel gedacht. Wichtig sind die Anspielungen auf Homer, *Ilias* 22,466 ff., wo Hektors Tod im Zusammenhang mit dessen Hochzeit geschildert wird, sowie auf die Heimholung von Hektors Leichnam in *Ilias* 24,699 ff. Es wurde zuletzt an eine junge Braut als Adressatin des Textes gedacht, und zwar im Sinne einer Versicherung über die Aufnahme in ihre künftige Gemeinde.

2 f. Der Herold Ida(i)os, der hier schnell in die Stadt eilt, ist aus Homers *Ilias* 3,248 und 7,278 bekannt.

6 Theben ist eine Stadt in Kilikien (vgl. *Ilias* 6,395 ff.), während Plakia ein Brunnen aus dem Berg Plakos ist, wie das Epitheton [ἀι]ν<ν>άω klarmacht.

9 Die Lesart κατ᾽ ἀύτ[με]να stammt von Lobel und lässt sich syntaktisch durchaus rechtfertigen, auch wenn die Idee von flatternden schweren Stoffen nicht sehr wahrscheinlich erscheint (Treu) und die Alternative καταύτμενα (Maas) auch anhand des ebenso korrupten Fragments 101,2 Voigt πορφύραι †καταυταμενά- im Sinne von »duftatmend« (Fränkel), mit Anspielung auf den penetranten Geruch der Purpurschnecken bei der Herstellung der Farbe, nicht auszuschließen ist.

Fr. 44A Voigt

gl 2d suppl. possis

a (col. I)

]σανορες̣. .[
Φοίβωι χρυσοκό]μ̣αι τὸν ἔτικτε Κόω .[
μίγεισ(α) Κρ]ονίδαι μεγαλωνύμω̣<ι>.
Ἄρτεμις δὲ θέων] μέγαν ὄρκον ἀπώμοσε
κεφά]λαν· ἄι πάρθενος ἔσσομαι
].ων ὀρέων κορύφα̣ι̣σ᾽ ἔπι
]δ̣ε νεῦσον ἔμαν χάριν·
ἔνευ]σ̣ε θέων μακάρων πάτηρ·
ἐλαφάβ]ολον ἀγροτέραν θέο̣ι
].σιν ἐπωνύμιον μέγα·
]ερος οὐδάμα πίλναται·
].[.]. . . μ̣α̣φόβε[. .]ε̣ρω·

b (col. II)

ἐ̣μμ[
και̣.[
ρ̣.ε.[
ω. . .[
Μοισαν ἀγλα[
πόει καὶ Χαρίτων̣ [
βραδίνοις ἐπεβ.[
ὄργας μὴ 'πιλάθε.[
θ̣νάτοισιν· πεδ΄.χ[
]δ̣αλίω[

a (col. I)

...
dem Phoibos, dem goldha]arigen, den Koios'(Tochter) gebar,
nachdem sie sich vereinigt hatte mit dem großnamigen Kroniden.
Aber Artemis schwor der Götter großen Eid ...
... beim Kopf: Für immer werde ich Jungfrau sein
... auf den Bergesgipfeln ...
... nicke mir diese Gunst zu ...
er nickt]e, der Vater der glückseligen Götter
Hirschtö]tende Jägerin die Götter
... großen Beinamen:
... *Eros* naht ihr nie.

b (col. II)

...
...
...
...
der Musen glanzv[olle ...
macht und der Chariten
wendige ...
den Groll nicht vergess[en
den Sterblichen: ...
... *delisch* ...

Ein Artemis-Hymnus (Fr. 44A Voigt)

Das auf dem Papyrus Fouad 239 ohne Autorangabe überlieferte Fragment wurde zunächst aus prosodischen Gründen Alkaios zugeschrieben (Lobel und Page, aufgrund der Längung einer Silbe durch ν *ephelcysticum*). Doch ein Indiz für einen Artemis-Hymnus in der Produktion Sapphos (Test. 223 Voigt) ließ dann die meisten Lyrikforscher für eine sapphische Autorschaft plädieren (u. a. Treu, Voigt; eine Imitation in Theognis 1288 ff. wurde als Argument für Sappho gedeutet). Hier spricht Artemis den Eid über ihre Keuschheit aus, während ihr Vater Zeus auf diese Bitte eingeht.

a1 Der Ergänzungsvorschlag ἄνασ]σαν ὀρεσ[τέραν (Tsomis) wird durch Euripides, *Troerinnen* 551 f. gestützt (τὰν ὀρεστέραν / ... παρθένον, auf Artemis bezogen).

2 f. Apollon und seine Schwester Artemis sind Kinder des Zeus und der Leto, Tochter des Titanen Koios (vgl. Hesiod, *Theogonie* 404 ff.).

4 f. Artemis spricht nun in der ersten Person und schwört beim Kopf des Zeus: Hier ist wohl τῶ πάτρος κεφά]λαν zu lesen (lehrreich ist ein Verweis auf V. 274 des homerischen Hermes-Hymnus: εἰ δὲ θέλεις πατρὸς κεφαλὴν μέγαν ὅρκον ὀμοῦμαι).

9 Genannt werden traditionelle Attribute der Göttin: ἐλαφάβ]ολον erscheint aufgrund der Parallele in V. 1 des homerischen Artemis-Hymnus wahrscheinlich, wenngleich auch ἐκατάβ]ολον bzw. ἐκάβ]ολον denkbar sind (Voigt).

11 Hier könnte von Eros die Rede sein, der ihr nie nahe kommt, weil sie ihre Keuschheit bewahren will, wobei ein Adjektiv auf -ερος ebenfalls möglich wäre (Voigt).

***b*5 f.** Der Hinweis auf die Musengeschenke (ἄγλαα δῶρα, nach der Ergänzung von Treu) sowie auf die Chariten eignet sich für Artemis ebenso gut wie für Apollon (anzuführen sind Homer, *Ilias* 16,183 und in den homerischen Hymnen Aphrodite-Hymnus 18 f., Artemis-Hymnus 11 ff., Apollon-Hymnus 197 ff.).

45 *Voigt*

gl 2d

ἄς θέλετ᾽ ὔμμες

… solange ihr wollt …

46 *Voigt*

gl 2d

ἔγω δ᾽ ἐπὶ μολθάκαν
τύλαν <κα>σπολέω †μέλεα· κἂν μὲν τετύλαγκας ἀσπόλεα†

… ich aber auf weiche
Kissen …

47 *Voigt*

gl 2d

Ἔρος δ᾽ ἐτίναξέ <μοι>
φρένας, ὠς ἄνεμος κὰτ ὄρος δρύσιν ἐμπέτων

… und Eros erschütterte mir
das Herz, wie Wind, der auf dem Berg gegen die Eichen
stößt

Der Wind der Liebe (Fr. 47 Voigt)

Wieder einmal (vgl. Fr. 37 Voigt) wird das Windgleichnis in einem erotischen Kontext eingesetzt (die epischen, nicht erotischen Muster sind Homer, *Odyssee* 5,368 und Hesiod, *Werke und Tage* 509 ff.). Es hat in der Vergangenheit nicht an Überbetonungen eines neuen »lyrischen« Bewusstseins gegenüber entsprechenden epischen Gleichnissen gefehlt (so z. B. bei Snell und Fränkel). Die körperliche, gewalttätige Kraft des Eros – die einzige sichere Tatsache, denn über die Stärke oder Schwäche der Reaktion durch die Betroffene wird nichts gesagt – fand ein noch wirkungsvolleres Bild in Fr. 130,1 Voigt, das zusammen mit Ibykos *PMGF* 286 und Anakreon *PMG* 413 oft zum Vergleich herangezogen wird (im ersten endet die Schilderung des *locus amoenus* mit einem Seelenzustand, der vom Eros wie vom Boreas ergriffen wird; im zweiten wird die Gewalt des Eros mit jener eines χαλκεύς gleichgesetzt, der den Dichter schlägt).

48 Voigt

gl 2d

ἤλθες, †καὶ† ἐπόησας, ἔγω δέ σ᾽ ἐμαιόμαν,
ὂν δ᾽ ἔψυξας ἔμαν φρένα καιομέναν πόθωι.

Du kamst, *und tatest gut*, und ich sehnte mich nach dir,
und du erfrischtest mein Herz, das vor Begierde brannte.

Brennende Begierde (Fr. 48 Voigt)

In V. 1 gewann εὖ δ᾽ ἐπόησας (Lobel) durch neue Argumente eine höhere Wahrscheinlichkeit als die alte Hypothese καλ᾽ ἐπόησας (Wilamowitz), die auf prosodische Probleme stößt (κάλος hat im äolischen, anders als im homerischen Griechisch ein kurzes α). Aristophanes parodiert den Anfang in *Frieden* 582.

49 Voigt

gl[2d]

⊗ ἠράμαν μὲν ἔγω σέθεν, Ἄτθι, πάλαι ποτά

* * *

σμίκρα μοι πάις ἔμμεν᾽ ἐφαίνεο κἄχαρις

⊗ Ich war in dich verliebt, Atthis, einst einmal …

* * *

Ein kleines Kind schienst du mir zu sein und reizlos.

Die kleine Atthis (Fr. 49 Voigt)

Aufgrund einer Aussage über Sappho und deren Beziehung zu Atthis bei Terentianus Maurus (*De metr.* GrL 6,390,4 f. K.: *cordi quando fuisse sibi canit Atthida / parvam, florea virginitas sua cum foret*) wurden die beiden Fragmente demselben Gedicht zugewiesen (die Debatte ist noch offen). Es ist nicht auszuschließen, dass sich Ovid in der Epistel Sapphos an Phaon (*Heroides* 15,17 ff. *vilis Anactorie, vilis mihi candida Cydro; / non oculis grata est Atthis, ut ante, meis, / atque aliae centum quas non sine crimine amavi*) auch dieser Verse entsann. Auf die Rekonstruktion von »Liebesromanen« mit Sappho und Atthis als Hauptakteurinnen aufgrund dieser zwei Verse wird hier verzichtet. Es wurde sogar vermutet, dass die beiden Verse nicht zusammengehören (Parker 2006 trennt 49a ἠράμαν μὲν ἔγω σέθεν, ἄ τε πάλαι ποτά »I used to love you, you who once long ago« von 49b, den er nach Plutarch so liest: σμίκρα μοι πάις ἔμμεναι / φαίνει κἄχαρις »you seem to me to be a small and graceless child« und somit als Glykoneus skandiert).

50 Voigt

gl [2d]

ὁ μὲν γὰρ κάλος ὄσσον ἴδην πέλεται <κάλος>,
ὀ δὲ κἄγαθος αὔτικα καὶ κάλος ἔσ<σε>ται.

Denn wer schön ist, bleibt <schön> nur, solange man ihn sieht;
doch wer gut ist, der wird sofort auch schön sein.

51 Voigt

gl[2d]

οὐκ οἶδ᾽ ὄττι θέω· δύο μοι τὰ νοήματα

Ich weiß nicht, was ich tun soll: zwei sind meine Gedanken.

Unentschieden (Fr. 51 Voigt)

Eine ähnliche Formulierung für die Unentschlossenheit findet sich bei Simonides (Fr. 7,27 W.[2]): δύ᾽ ἐν φρεσὶν νοεῖ.

52 Voigt

gl[2d?]

ψαύην δ᾽ οὐ δοκίμωμ᾽ ὀράνω †δυσπαχέα†

Anzufassen beanspruche ich nicht den Himmel …

Keine Ansprüche (Fr. 52 Voigt)

Ein ähnliches Bild findet sich bei Herodot (3,30 τῇ κεφαλῇ τοῦ οὐρανοῦ ψαύσειε) und bei Horaz (*c.* I 1,36 *sublimi feriam sidera vertice*).

53 Voigt

gl[2c]

⊗ βροδοπάχεες ἄγναι Χάριτες, δεῦτε Δίος κόραι

⊗ Rosenarmige ehrwürdige Chariten, hierher Zeus' Töchter

Die Chariten (Fr. 53 Voigt)

Die hier herbeigerufenen Chariten sind, wie bei Hesiod (*Theogonie* 907 ff.) und bei späteren Dichtern (Theognis 15, Pindar, *Olympische Oden* 14,13 ff.), Töchter des Zeus (bei Alkaios, Fr. 386 Voigt, wo sie auch das Epitheton ἄγναι tragen, liegt eine andere genealogische Variante zugrunde). Bei Sappho ist βροδόπαχυς sonst von Eos gesagt (Fr. 58,19 Voigt), wie bereits im homerischen Helios-Hymnus [31] 6, während es von Hesiod (*Theogonie* 246. 251) für die Nereiden, in den *Anacreontea* (55,21) für die Nymphen verwendet wird. Die Chariten selbst werden mit ἄγναι in einem sapphischen Epithalamion-Fragment (Fr. 103,5 Voigt) angeredet, was an eine vergleichbare Epiklese in diesem Fragment denken ließ. Zusammen mit den Musen werden die Chariten auch in Fr. 128 Voigt angerufen.

54 Voigt

gl[2c]

(Ἔρωτα)
ἔλθοντ᾽ ἐξ ὀράνω πορφυρίαν περθέμενον χλάμυν

(Eros)
gekommen aus dem Himmel, in eine purpurne Chlamys gewickelt

Eros kommt (Fr. 54 Voigt)

Eine anthropomorphe Epiphanie des Liebesgottes scheint bei Sappho ein Unikum zu sein. Die Tatsache, dass die Chlamys, ein oblonger, mit einer Fibel auf der Schulter befestigter Mantel, bevorzugt von Reisenden (und von Epheben, die zu Pferde Wache hielten und sich auf den Kriegsdienst vorbereiteten) getragen wurde, passt gut zum aus dem Himmel hinabfliegenden Eros.

55 Voigt

gl[2c]

κατθάνοισα δὲ κείσηι‿ οὐδέ ποτα μναμοσύνα σέθεν
ἔσσετ᾽ οὐδὲ †ποκ᾽† ὔστερον· οὐ γὰρ πεδέχηις βρόδων
τῶν ἐκ Πιερίας, ἀλλ᾽ ἀφάνης κὰν Ἀίδα δόμωι
φοιτάσηις πεδ᾽ ἀμαύρων νεκύων ἐκπεποταμένα.

Und tot wirst du liegen und niemals wird Erinnerung von dir
bleiben, auch †*niemals*† später: Denn du hast keinen Anteil an den Rosen
aus Pierien, sondern unscheinbar auch in Hades' Haus
wirst du verkehren mit düsteren Toten, bist du erst einmal weggeflogen.

Eine amusische Frau (Fr. 55 Voigt)

Hier wird ungewöhnlich hart eine Frau angegriffen, von der Sappho prophezeit, sie sei dazu verdammt, nach ihrem Tod vergessen zu werden und im Hades unscheinbar unter den Totenschatten umherzuirren. Das verdiene sie, weil sie poetisch-musikalisch nicht versiert sei. Die Zitatträger Plutarch und Stobaios geben an, die Adressatin des Lieds – das wohl in Sapphos Kreis, also nicht öffentlich vorgetragen wurde – sei eine unkultivierte, aber reiche Frau gewesen. Das Fragment bietet somit das negative Pendant zu denen, die Sappho aufgrund ihrer eigenen poetischen Leistungen eine Ruhmeserwartung gewähren (explizit Fr. 32 und 65 Voigt), wobei die Erweiterung dieser Ruhmeserwartung auf die ganze musisch geprägte Gruppe um Sappho angesichts der eher persönlichen Aussagen der Dichterin als unnötig erscheint. Die Struktur ist zweigeteilt, indem sich die Verse 1–2 auf Irdisches, 3–4 auf Unterirdisches beziehen, und wohl ringkompositorisch mit οὐ γὰρ πεδέχηις βρόδων / τῶν ἐκ Πιερίας in der

Mitte. (Für das Hades-Verständnis wurde eine Parallele zur *Nekyia* in *Odyssee* 11 gezogen.)

1 Die Konstruktion ist homerisch (*Ilias* 8,181 μνημοσύνη τις ἔπειτα … γενέσθω). Mnemosyne ist auch eine Gottheit, die mit Zeus die Musen zeugte (vgl. Hesiod, *Theogonie* 52 ff.).

2 Der Vorschlag οὐδὲ πόθ᾽ εἰς (Bucherer anhand von Homer, *Ilias* 14,368 κείνου δ᾽ οὔ τι λίην ποθὴ ἔσσεται) scheint trotz des sapphischen Usus (immer πόθος) die beste Lösung zu sein: »und kein Verlangen für die Zukunft«.

3 Pierien ist eine Region Makedoniens, die bereits bei Hesiod (*Theogonie* 53 ff.) als Sitz der Musen identifiziert wurde, sodass die Musen auch Pieriden genannt werden (vgl. Fr. 103,8 Voigt Πιέριδέ[ς τε] Μοῖ[σαι). In κἀν Ἀίδα hat die Konjunktion den intensiven Wert von »auch«.

56 Voigt

gl^{2c}

οὐδ᾽ ἴαν δοκίμωμι προσίδοισαν φάος ἀλίω
ἔσσεσθαι σοφίαν πάρθενον εἰς οὐδένα πω χρόνον
τεαύταν

Und ich behaupte: nie, das Sonnenlicht erblickend,
wird es in der Kunstfertigkeit ein Mädchen geben, zu
keiner Zeit,
eine solche wie dich …

Das talentierteste Mädchen (Fr. 56 Voigt)

Hat σοφία hier den in der archaischen Lyrik häufig verwendeten technischen Sinn von »Kunstfertigkeit«, dann wird in diesem Fragment ein Mädchen für ihre poetisch-musikalische Begabung auf eine bei Sappho einmalige Art gepriesen: als die beste überhaupt. Nicht fundiert erscheint die Annahme von Kaibel (anhand von Fr. 113 Voigt), das Fragment stamme aus einem Hochzeitslied.

57 Voigt

vv. 1–2: inc., v. 3: gl^2c

τίς δ' ἀγροΐωτις θέλγει νόον . . .
ἀγροΐωτιν ἐπεμμένα στόλαν . . .
οὐκ ἐπισταμένα τὰ βράκε' ἔλκην ἐπὶ τὼν σφύρων;

Wer ist die Rustikale, die den Sinn [dir] verhext ...
mit einem rustikalen Kleid bekleidet ...
die nicht weiß, die Lumpen über die Knöchel fallen zu lassen?

Das rustikale Mädchen (Fr. 57 Voigt)

Die Rustikale ist hier ein Mädchen, das sich von Andromeda abwerben lässt, die auch sonst bei Sappho als deren Rivalin in der Liebe auftaucht (vgl. Fr. 130,4 und 133,1 Voigt). βράκεα

(= ῥάκη) hat nie etwas anderes bedeutet als »Lumpen« (seit der *Odyssee*): Dass etwa Theokrit in einem äolisierenden Idyllion (28,11) das äolische Wort als positiv konnotierte »(sanfte) Gewänder« versteht, liegt wohl an der Missdeutung dieses sapphischen Gebrauchs. Im Thiasos war eine gepflegte äußere Erscheinung, die sich im Begriff der ἀβροσύνα »Eleganz, Raffinesse« subsumieren lässt, von größter Bedeutung (vgl. Fr. 58,25 Voigt; eine Deutung von V. 3 wird durch Babrius 10,4 ermöglicht).

58 Voigt

‸*hipp*^{2c}

] . [
]. δα[
]
]. α
]ύ̣γοισα̣[ ]
]. [. .]. .[ ]ι̣δάχθην
]χ̣υ θ[.΄]ο̣ι̣[.]αλλ[. . . . . . .]ύταν
].χθο.[.]ατί.[. . . . .]εισα
]μένα ταν[. . . . ώ]νυμόν σε̣
]νι θῆται στ[ύ]μα[τι] πρ̣όκοψιν
]πων κάλα δῶρα παῖδες
]φιλάοιδον λιγύραν χελύνναν
πά]ντα χρόα γῆρας ἤδη
λεῦκαί τ᾽ ἐγένο]ντο τρίχες ἐκ μελαίναν
]α̣ι̣, γόνα δ᾽ [ο]ὐ φέροισι

]ησθ᾽ ἴσα νεβρίοισιν
ἀ]λ̣λὰ τί κεν ποείην;
] οὐ δύνατον γένεσθαι
] βροδόπαχυν Αὔων
ἔσ]χατα γᾶς φέροισα[
]ο̣ν ὔμως ἔμαρψε[
]άταν ἄκοιτιν
]ι̣μέναν νομίσδει
]αις ὀπάσδοι
˻ἔγω δὲ φίλημμ᾽ ἀβροσύναν,˼] τοῦτο καί μοι
τὸ λά˻μπρον ἔρως ἀελίω καὶ τὸ κά˼λον λέ˻λ˼ογχε. ⊗

[…]
… dem Mund Vorteil gebe
… schöne Geschenke, ihr Mädchen,
… die liedliebende helltönende Leier
die g]anze Haut [hat mir] das Alter nunmehr …
und weiß sind die Haare geworden von schwarz
…, und die Knie tragen nicht …
… den Rehlein ähnlich …
… aber was soll ich denn tun?
… nicht möglich zu werden …
… rosenarmige Eos …
… [bis] zu den Grenzen der Erde [sie]
tragend …
… und doch griff [sie ihn]
… die Gefährtin …
… glaubt …

24 … möge gönnen …
und ich liebe die Feinheit, … dies, und mir
26 den Glanz loste die Liebe für den Sonnengott zu und die Schönheit. ⊗

Die alte (und die neue) Sappho (Fr. 58 Voigt)

Das Lied enthält eine Reflexion über das Alter, das wie im Fr. 21 Voigt mit Gesang verknüpft ist. Auf die verzweifelte Frage in V. 17 »aber was soll ich denn tun?« folgt der Tithonos-Mythos (ein Greisenaltermotiv). Die Verse 11–22 erscheinen auch in einer signifikant besseren Form im sog. »Altersgedicht« im neuen PKöln 21351+21376r (zur »neuen Sappho« siehe unten), wo jedoch die letzten vier Verse (23–26) fehlen.

11 Die Vermutung, dass das Lied mit diesem Vers begann (Di Benedetto, dem auch die weiteren Ergänzungen γεραίρετε am Anfang von V. 11 und λάβοισαι unmittelbar vor dem Erhaltenen in V. 12 zu verdanken sind), wofür die Ergänzung Μοίσαν βαθυκόλπων (bzw. ἰοκόλπων) durchaus plausibel klingt, wird nun durch den Kölner Papyrus bestätigt. Sappho fordert die Mädchen auf, die Gaben der Musen zu ehren und einen Gesang anzustimmen.

19 Hier beginnt ein Hinweis auf den Mythos des ewig alt gebliebenen Tithonos, für den die Morgengöttin Eos, in ihn verliebt, zwar die Unsterblichkeit erkämpfte, doch nicht die ewige Jugend (vgl. Aphrodite-Hymnus 218 ff. und Mimnermos Fr. 4 W.^{2} sowie 5,5 ff. W.^{2}): Diese Züge des Mythos werden bei Sappho ausgeklammert, weil sie als bekannt vorausgesetzt werden.

22 Der Kölner Papyrus lässt das Gedicht hier enden.

25 f. Wohl ein Bezug auf Sapphos ehemalige Lebensführung im Thiasos, in dem Eleganz und Raffinesse (ἀβροσύναν) zuhause waren.

59 Voigt

⊗ ἐπιν[–22–].[. . .]ṿό.[
φίλει.[
–
καιν[

⊗ …
liebt …
–
…

60 Voigt

‸hipp^{2c} suppl. possis

]τύχοισα
] θέλ᾽ †ωνταπαίσαν
τέ]ḷεσον νόημα
]έτων κάλημι
] πεδὰ θῦμον αἶψα
ὄ]ṣσα τύχην θελήση[ς

]ρ ἔμοι μάχεσθα[ι
χ]λιδάνα<ι> πίθεισα[
]ι, σὺ δ' εὖ γὰρ οἶσθα
]έτει τα[.].λε. .
]κλ̣ας[

… erlangend …
… die ganze
erfülle meinen Gedanken
… ich rufe
… gemäß dem Gemüt sofort
… was du erlangen möchtest
… mit mir kämpfen
… mit der raffinierten (…) überzeugend
…, und du weißt nämlich gut
…
…

Noch eine Bitte an Aphrodite? (Fr. 60 Voigt)

Anhand lexikalischer Ähnlichkeiten mit Fr. 1 Voigt (vgl. auch Fr. 86 Voigt) wurde für dieses lückenhafte Fragment Verwandtschaft im Stoff sowie eine Präsenz der Aphrodite vermutet (u.a. Schadewaldt und Treu). Nach einer Rekonstruktion würde das Fragment, zusammen mit Fr. 65, 66c und 86 Voigt, zu einer einzigen gegen Andromeda gerichteten Ode gehören.

61 Voigt

ἔγεντ.[
οὐ γάρ κ[ε ⊗

(es) war …
denn nicht … ⊗

62 Voigt

‸hipp²ᶜ suppl. possis

⊗ ἐπτάξατε̣[
2 δάφνας ὄτα̣[
–
πὰν δ᾽ ἄδιον[
4 ἢ κῆνον ἐλο[
–
καὶ ταῖσι μὲν ἀ̣[
6 ὀδοίπορος ἄν[. . . .]. .[
–
μύγις δέ ποτ᾽ εἰσάιον· ἐκλ̣[
8 ψύχα δ᾽ ἀγαπάτασυ.[΄.
–
τέαυτα δὲ νῦν ἔμμ̣[
10 ἴκεσθ᾽ ἀγανα[
–
ἔφθατε· κάλαν[
12 τά τ᾽ ἔμματα κα̣[⊗
–

⊗ Ihr habt euch geduckt …
2 des Lorbeers, als …
–
und alles süßer …
4 welche jenen …
–
und denen …
6 ein Wanderer …
–
und beinahe hörte ich einst: …
8 und die Seele beliebt …
–
und nun solche Gewä[nder …
10 (zu) kommen gelinde …
–
wart ihr die ersten: schön(e) …
12 und die Gewänder … ⊗
–

Armselige Gewänder? (Fr. 62 Voigt)

Vermutlich ist hier von einem Mädchen die Rede, das sich über seine armseligen Gewänder beklagt.

63 Voigt

^hipp^2c suppl. possis

⊗ ˈΟνοιρε μελαινα[
2 φ[ο]ίταις, ὄτα τ᾽ ὔπνος [
–
γλύκυς θ̣[έ]ο̣ς, ἦ δεῖν᾽ ὀνίας μ[
4 ζὰ χῶρις ἔχην τὰν δυναμ[
–
ἔλπις δέ μ᾽ ἔχει μὴ πεδέχη[ν
6 μηδὲν μακάρων ἐλ̣[
[–]
ο̣ὐ̣ γάρ κ᾽ ἔον οὔτω[.˙
8 ἀθύρματα κα.[
–
γένοιτο δέ μοι[
10 τοὶς πάντα[⊗
–

⊗ O Traum, [der du durch die] schwarz(e) [Nacht]
2 umherirrst, wenn der Schlaf …
–
Süßer Gott, wahrlich schrecklich die Qualen …
4 getrennt (zu) halten die Macht …
–
Aber die Hoffnung hält mich, nicht daran
teilzuhaben …
6 nichts von den Glückseligen erw[arte ich …
[–]

denn so wäre ich nicht …
8 Spielereien …
–
sei mir gegönnt …
10 jene, die alles … ⊗
–

Traum und Schlaf (Fr. 63 Voigt)

Die Anrede an den Traum am Anfang und der allgemeine Verlauf des Gedichts lassen es wahrscheinlicher erscheinen, dass »süßer Gott« in V. 3 auf den Traum zu beziehen ist, nicht auf den Schlaf, auch wenn bei späteren Dichtern γλυκύς eher als Epitheton des ὕπνος erscheint (z. B. Pindar, *Pythische Oden* 9,23 ff. und Theokrit 11,22).

64 Voigt

‸hipp^{2c} suppl. possis

a	b
]λ̣ακ̣[	].α[
]	]αίγα[
]νί.[	].δο.[
α]λίκεσ̣σι[	] [
]	
]παίδων[	

]δηο̣ν
]
]
]θεντ[
].θέοις̣[
]ν αἰσχρ[
]
]α μοῖ[
]τετι[

a

…
…
…
… Gleichaltrigen …
…
… der Kinder …
…
…
…
…
… Götter …
… schändl[ich …
…
… *Mu[se*
…

b

…
…
…
…

65 Voigt

‸hipp^{2c} suppl. possis

. . . . .]. . .α[
. . . . .]ρομε[
. . . . .].ελας̣[
.ροτ̣ήννεμε[
Ψάπφοι, σεφίλ[
Κύπρωι̣ β̣[α]σίλ[
κ̣αίτοι μέγα δ.[
ὄ]σσοις φαέθων̣ [
πάνται κλέος [
–
καί σ᾽ ἐνν Ἀχέρ[οντ
. .[. . . . . .]ν̣π̣[

. . .
. . . *And*]*rome*[*da* . . .
. . .
. . .
Sappho, *dich lieb*[*e ich* . . .
zu Kypros K[ö]nig[in . . .
und dir ein großes G[eschenk
all die der glanzvolle . . .
überall Ruhm
–
und du an Acher[*ons Ufer*
. . .

Überall Ruhm (Fr. 65 Voigt)

Nach einer plausiblen Rekonstruktion (Fränkel) verspricht hier Aphrodite selbst der Dichterin »überall Ruhm« (Aphrodite wäre dann auch Subjekt der »Liebeserklärung« von V. 5). Allerdings lässt sich bezüglich dieser Formulierung nicht eindeutig bestimmen, ob die Ruhmeserwartung sich auf eine Performance der Lieder außerhalb der intimen Welt des Thiasos und damit auf ein entsprechend breiteres Publikum bezieht oder ob Sappho ihren Nachruhm der Tradierung ihrer Dichtung durch die Mädchen überlassen wollte. Das Fragment zeigt jedoch unmissverständlich, wie Sappho sich etwa von der amusischen Unbenannten in Fr. 55 Voigt absetzen wollte (vgl. auch Fr. 32 Voigt zum Talent als Geschenk der Musen und Fr. 147 Voigt zur Erwartung einer Erinnerung an sie nach dem Tod). In V. 2 wurde der Bezug auf eine Andromeda vermutet (Hunt, Schadewaldt, Treu). Dann wäre die Zusammenfügung dieses Fragments mit Fr. 60, 66c und 86 Voigt zu einer größeren gegen besagte Andromeda gerichteten Ode eine Möglichkeit. Der versprochene Ruhm würde sich auch auf das Jenseits erstrecken.

66 Voigt

a

ζαταν̣[

–

ἄμ᾽ ἐξα[

.]α[

b

]μο[

]οργι[

]σ̣πίο[

].[

c

]μνα [

].κατ̣εγ[

]κ̣εκ[

a

durch die …

–

…

…

b

…

… *Rit(en …*

…

…

c

…

…

…

67 Voigt

‸hipp^{2c} suppl. possis

a

. .]ων μα.[
[–]
κ]αὶ τοῦτ᾽ ἐπικε.[
3 δ]αίμων ὀλοφ.[
[–]
οὐ μὰν ἐφίλης[
5 νῦν δ᾽ ἔννεκα[
–
τὸ δ᾽ αἴτιον οὐτ[
7 ọὐδὲν πόλυ[.].[
–
.]υδ᾽ [:

b

].ουδε[
]ṭαυτα.[
]λαισιμ[
]πλήονι̣[
]᾽ ἀμφ[
].σθεο.[
]ẹρωσ.[

a

der gl[ückseligen Gött]er
[–]

und dies …
3 der Gott *jammer* …
[–]
gewiss liebtest du nicht …
5 und nun wegen …
–
und die Ursache nicht …
7 keineswegs viel …
–
…

b

… und nicht …
… diese (Dinge) …
… vi]elen …
… dem mehr …
… um …
…
… *Liebe* …

68 Voigt

‸hipp^{2c} suppl. possis

a
]ι̣ γάρ μ' ἀπὺ τὰς ἐ.[
ὔ]μως δ' ἔγεν[το
] ἶσαν θέοισιν
]ασαν ἀλίτρα[
Ἀν]δρομέδαν[.].αξ[
]αρ[. . .].α μ̣ά̣κα̣[ιρ]α
]ε̣ον δὲ τρόπον α[.].ύνη[

] κ̣όρο̣ν οὐ κατισχε.[
]κ̣α[. . . . .]. Τυνδαρίδαι[ς
]ασυ[.]. . .κα[.] χαρίεντ' ἀ.[
]κ' ἄδολον [μ]ηκέτι συν[
] Μεγάρα.[. .]ν̣α[. . .]α[

b

]. . . .φ[
].[.]' θύρα.[
]μ̣οι χάλε.[
]δεκύ[
].οπάλην ὄλ̣[
]ε[

a

… denn mich von der …
… und doch war …
… den Göttern gleich(e) …
… schuldig(e) …
… An]dromeda[…
… glückselig(e) …
… und die Art …
… die Sattheit nicht halten …
… die Tyndariden …
… und anmutig(e) …
… ohne Betrug nicht mehr …
… Megara …

b

…
…
… mir schwe[r …
…
…
…

Andromeda (Fr. 68 Voigt)

Der mythische Hinweis auf die Tyndariden könnte sich auf Helena und Klytaimestra beziehen (Schadewaldt und Treu), wobei sich unter gewissen Umständen auch ein Bezug auf die Dioskuren Kastor und Polydeukes (lat. Castor und Pollux) rechtfertigen ließe. Ebenso wenig lässt sich bestimmen, inwieweit hier Vorwürfe an Andromeda gemacht werden, eine Frau, die Sappho ein rustikales Mädchen abwirbt (Fr. 57 Voigt) und die auch in Fr. 130,4 und 131,1 Voigt als Sapphos Rivalin in der Liebe erscheint.

69 Voigt

]ε. .[.]τ̣εγαμ[
]ας ἀλίτρα[
]έτ' αὐ[

…
… schuldig(e) …
…

70 Voigt

–]α̣μ̣λ.[
]ναμ[
]ν̣ δ᾽ εἶμ᾽ ε[
]ρ̣σομέν[
]λικ᾽ ὐπα[
]. . .[.]βα[
]ς̣ γὰ̣ρ ἐ̣παυ[
] μάν κ᾽ ἀπυ̣θ̣υς̣
]αρμονίας δ̣[
]αθην χόρον, ἄα[
]δ̣ε λίγηα.[
]ατόν σφι̣[
] πάντεσσι[
]επ[.].[

…
…
… und ich gehe …
…
… gleicha]ltrig …
…

… denn …
…
… der Harmonie/a …
… den Chor, …
… helltönend(e) …
…
… allen …
…

Harmonia oder Harmonie? (Fr. 70 Voigt)

Die alte Vermutung, dass hinter V. 9 ein mythischer Hinweis auf die Hochzeit des Kadmos und der Harmonia stecke (Schadewaldt), wurde zu Recht zurückgewiesen: Die Erwähnung eines Chors im folgenden Vers suggeriert einen musikalischen Kontext. Die Folge wäre, dass wir damit »einen neuen Ausdruck für die Rhythmik und Harmonie der Tanzbewegungen« hätten (Treu). Diehls Ergänzung πολυγ]άθην »freudvoll« (V. 10), die unter dem Einfluss von Pindar, Fr. 29,5 ff. Sn. entstand, wo es tatsächlich um die Hochzeit von Kadmos und Harmonia geht (ἦ τὰν Διωνύσου πολυγαθέα τιμὰν / ἦ γάμον λευκωλένου Ἁρμονίας / ὑμνήσομεν;), übersieht die Tatsache, dass hier sowie in den meisten Belegen für dieses Epitheton in der archaischen Dichtung ein Bezug auf Dionysos im Vordergrund steht (vgl. Hesiod, *Theogonie* 941 und *Werke und Tage* 614, Pindar, Fr. 153,1 Sn.).

71 Voigt

‸hipp^{2c} suppl. possis

]μισσε Μίκα
]ελα[. . ἀλ]λά σ᾽ ἔγωὐκ ἐάσω
]ν̣ φιλότ[ατ᾽] ἤλεο Πενθιλήαν̣[
]δα κα̣[κό]τροπ᾽, ἄμμα[
] μέλ̣[ος] τι γλύκερον .[
]α μελλιχόφων[ος
]δει, λίγυραι δ᾽ ἄη[
] δροσ[ό]εσσα[

... Mika
... ab]er dir werde ich das nicht erlauben ...
... die Freundschaft wähltest einer Penthiliden-Frau ...
..., du bösartige, unserer ...
... ein liebliches Lied ...
... honigstimmig ...
... und die helltönenden *Wi[nde*
... tauig(e) ...

Mika und die Penthiliden-Frauen (Fr. 71 Voigt)

Dem hier angeredeten Mädchen (der Eigenname Mika ist erst wieder im Athen des 5.–4. Jahrhunderts bezeugt) wird vorgeworfen, Frauen aus dem Haus des Penthilos dem Kreis um Sappho vorgezogen zu haben. Die königliche Macht des

Penthiliden-Geschlechtes auf Lesbos, in das Pittakos eingeheiratet hatte, verweist in diesem Gedicht nicht unbedingt auf einen politischen Hintergrund, denn Sapphos Kritik konzentriert sich offenbar auf die Person des Mädchens: es bestehe ja noch eine Chance, dass sich Mika durch die Erinnerung an die angenehme Zeit in Sapphos Kreis umstimmen ließe.

72 Voigt

]ανόρ̣[
]αμμε̣[
]νπε[
]λην[
]τες· τ̣[
].ωνω[
]μώ[
].[

2 … wir …

73 Voigt

‸hipp^{2c} suppl. possis

a

]ν̣β.[.].[.]υ̣
]α
]αν Ἀφροδι[τα

ἀ]δύλογοι δ᾽ ἐρ[
]β̣αλλοι [
α]ις ἔχ̣οισα
].ἐ̣να θαας[ς
]άλλει
]ας ἐέρσας [

b

]ω.[
]ας[
]ισ᾽ ἐ[

a

…
…
… Aphrodite …
… und die süßsprechenden *Er*[*oten* …
… werfe …
… die hat …
…
… *bl*]*üht* …
… *d*]*er* Tau …

b

…

74 Voigt

a

]ων ἔκα[
]αιπόλ[
]μ.[
]βροδο[
]ο̣νθ[
]φ̣αιμ[

b

]α[
]ποθο̣[
].ώβα̣[

c

].[
]ασ ἴδρω[
].υζ̣αδ.[
]ι̣ν[

d

].[.].ε[
]ν̣πο.[
]μ̣[

a

…
]Schäfe[r
…
… rosen …
…
… ich sage …

b

…
]Begier[de
…

c

…
… Schweiß …
…
…

d

…
…
…

75 Voigt

a

]. .[.].[[
]η̣σαδ.[
]λ̣α.[
]νίαν[
]δ̣ύ.[
]ιμεδα̣[
]μαστε̣[
].κ[

b

]κα[
].πιτα̣[
γέ]νεσ̣θα̣[ι
]τῶ.[
]αν [

c

].[
]δετα̣[
]δέ. . .[
]΄μμι.[
]ταμέ.[

b

3 … werden …

76 Voigt

]αν̣ πα̣[
τε]λέσειε κ̣[
]ίη λελα[
]ε θέλω[
]εχην[
]η· ἔφα.[
]αλίκ[

...
... vollziehe ...
... *gehe* ...
... ich will ...
... *haben* ...
... : er/sie sagte ...
... gleichaltrig[en]

77 Voigt

a

]α.[
]σετα[
]υ̣μαι..[
·]τεχαρα̣[
]ι̣διδοῖς[
]δεν ἀμες[
]ος σύγ᾽ ἀ[
].λονα[
].δαλ[

b

].[
]μήτε̣[
]δίαισα [
]ες· ἀλλ[
]φρα[
].[

c

]α̣τω[
]ηας
]
]τ̣ας·

a

…
…
… *ver*]*derb* …
… *freu* …
… *geb* …
…
…
…

b

…
…
… *lä*]*chelnd*(*e*) …
… : *abe*[*r*
…
…

c

…
…
…
…

78 Voigt

].οναυ[
]ην οὐδε[
]ης ἴμερ[
].αι δ᾽ ἄμα[
].ανθος·[
ἴ]μερον[
]ετερπ[

…
… und nicht …
… Verla[ngen …
…
… Blum …
… Verlangen …
… freu …

79 Voigt

]ν̣μ̣[
]ω̣[
]το.[
]τ' αὔτ̣ον.[
]ω̣ πέλετ[
]να[

…
…
…
… ihn …
… ist …
…

80 Voigt

].[
].τ̣οσεσ.[
]παντα[
]ι̣ δ' ἀτέρα[
]λοκα[
].[

…
…

… alles …
… andere …
… L]ock[e …
…

81 Voigt

‸hipp[2c]

]απύθες.[
]χισταλ̣[
]ε̣μ̣π[
σὺ δὲ στεφάνοις, ὦ Δίκα, π⸥έρθεσ⸤θ᾽ ἐράτοις φόβαισιν
ὄρπακας ἀνήτω συν<α>⸥έ⸤ρρ⸥ αισ̣⸤᾽ ἀπάλαισι χέρσιν·
εὐάνθεα †γὰρ πέλεται† καὶ Χάριτες μάκαιρα<ι>
μᾶλλον †προτερην†, ἀστεφανώτοισι δ᾽ ἀπυστρέφονται.

… *niederle[gen* …
… *schn]ellstens* …

…
Du aber, Dika, lege liebliche Kränze um die Haare
und flechte mit zarten Händen Dillstengelchen ein:
Denn Blumengeschmücktes †πέλεται† auch die glückseligen Chariten
[viel]mehr †προτερην†, doch von Ungekränzten wenden sie sich ab.

Blumen und Kränze (Fr. 81 Voigt)

Hier wird einem Mädchen namens Dika empfohlen, ihr Haar zu schmücken, um die Aufmerksamkeit der Chariten auf sich zu ziehen (weitere Accessoires in Fr. 39, 92, 100 und 101 Voigt).

82 Voigt

‸*hipp*^{2c}

a

⊗ εὐμορφοτέρα Μνασιδίκα τὰς ἀπάλας Γυρίννως

b

καίτ᾽ ἐ̣[
μηδεν[
–
νῦν δ᾽ ἀ[
μὴ βόλλε̣[
[–]
εὐ]μορφο̣[τέρα

a

⊗ besser aussehend Mnasidika als die zarte Gyrinno

b

und dennoch ...
nichts ...

–
und nun …
nicht woll[en] …
[–]
besser aussehend(e) …

83 Voigt

]ạị.[
]λ᾽ αὖθι μ̣ε[
]νώμεθ᾽ ὀ[
] δηὖτ᾽ ἐπιτ[
]έντηδεμ̣[
].α γὰρ ἐκά[
]. [.] .[

…
… *a*]*ber* hier *bl*[*eibt*
…
… wieder zu …
…
… denn …
…

84 Voigt

].αις[
].ικιπ[
]ω̣ν κ[. .].[. ?]ίνα[
]τονόνε.[. ?].οσε̣[
]άβροις ἐπιχ[?]η̣μ[
]αν Ἄρτεμι̣[
]ναβλ[

…
…
…
…
in [ge]waltigen Stü[rmen …
… Artemi[s
…

85 Voigt

a

]. .
.̣]λβον
]ακούην
]ἀ̣ύταν̣

b

]πάμενα̣[
]τ᾽ ὤστ᾽ ὀ πέλη[
]ακαν σ̣ό̣[

a

…
… *sehr* r]eich
… hören …
…

b

… *der/die erw*[*orben hat* …
… so dass der Alt …
…

86 Voigt

‸hipp^{2c} *suppl. possis*

].ακάλα.[
] α̣ἰ̣γιόχω λ̣α̣[
]. Κ̣υ̣θέρη᾽ ε̣ὐ̣χ̣ομ[
]ο̣ν ἔχοισα θῦμο̣[ν
κλ]ῦθί μ̣᾽ ἄρας αἴ π[οτα κἀτέρωτα
]ας π̣ρολίποισ̣α κ[
]. πεδ᾽ ἔμαν ἰώ[
].ν χα̣λέπαι.[

…
… die du vom Ägishalter *er*[*hieltest*
… o Kytherea, *mir, die ich dich* anbete …
… mit … Gemüt …
… erhör mein Gebet, solltest du [*je auch ein anderes Mal*
… verlassend …
… auf meinen Sch[*rei* …
… bedrückend …

Ein Gebet an Aphrodite (86 Voigt)

Soweit sich die Konturen des Fragments erkennen lassen, zeigt die Gebetsform relevante Analogien zum Aphrodite-Hymnus in Fr. 1 Voigt: Auf die Anrede an die Göttin folgt die Formulierung des Gebets (V. 3, εὔχομ[ένας: vgl. M. L. West, Maia n.s. 22, 1970, 316, der auch in V. 2 liest: Διὸς ἐξ] αἰγιόχω λά[χοισα). Das Wort θῦμον »Gemüt« ist klar zu erkennen, wenn auch in anderem Kontext (E. Fraenkel, Classical Quarterly 36, 1942, 56 liest πρόφρον' ἔχοισα θῦμον). Die Gebetsformel κλ]ῦθί μ' ἄρας αἴ π[οτα κἀτέρωτα (die Ergänzung stammt von Lobel und Fraenkel, doch ist κἀτέρωτα nach Voigt unsicher) entspricht den Versen 5 ff. von Fr. 1 Voigt: τὰς ἔμας αὔδας ἀίοισα ... / ἔκλυες, wobei das Element der Stimme durch den »Schrei« in V. 7 wiedergegeben ist (πεδ' ἔμαν ἰώ[αν, mit Gallavotti). Schließlich προλίποισα (hinter κ[hat Fraenkel Κ[ύπρον bzw. κάποις »Gärten« vermutet) für λίποισα. Dass dieses Fragment, zusammen mit Fr. 60, 65 und 66c Voigt, zu einer Ode gegen Andromeda gehört, wurde mit plausiblen Argumenten behauptet.

87 Voigt

a

]αμμ̣[
]ι̣κα.[
]πόισαι[
]κ̣λεηδον̣[
].πλοκαμ[
]ε̣σδ᾽ ἀ̣μα[
] ανθρώπ[
].υμαιν[
]τ̣εκ̣αιπ̣[

b

[μ]εριμνα[
]γ̣ην [
]α̣ι̣κο̣[
]αι [

c

[.]δω.[
τ̣ό̣λμ[
–

d

]
]
]ε̣σθα
]ρπον ἄβαν [
]
]εσθαι·
]
].
]
]

e

]εφι̣.[
β]α̣σιλη.[
]εγαδ.[
].οσ.[

f

´]δη̣[
´]κ̣ω̣σα̣[
]ν· σοι[
].δηκ.[

]εσ̣ι̣π̣π̣[
].α̣λ.[
].εσσα[
]. [.]. [

a

... uns ...
...
...
... Vorzeichen ...
Locke(n) ... ...
... Mensch ...
...
...

b

[K]ummer ...
...
...
...

c

...
Mut/wag(en) ...
–

d

...
...
...
... Jugend ...
...
...
...
...
...
...

e

...
K]önigi[n ...
...
...

f

…
…
…
…
Tel]*esipp*[*a*
…
…
…

88 Voigt

a

].[

]ν πρ̣ο . .[
]νως πρὸς πότ̣[
4].ατον χάλα[

].θέ̣λοις. οὐδυ̣[
].άσδοισ᾽ ὀλιγα[
7].ένα φέρεσθα[ι

b].φι̣α̣ τισ̣. . .[
ἐ̣μ[ ].δ᾽ ἄδιον εἰσορ[

τọῦ̣[	ο]ἶσθα καὖτα·
–	
κ[	λέ]λ̣αθ᾽ ἀλλονιά[
σε̣[	].αν· τι̣ραδ[
ἠ̣[	]α̣ί̣ τις εἴποι
[–]	
ἀ[	].σαν· ἔγω τε γαρ[
φιλη̣[	]μ̣᾽ ἄς κεν ἔνη μ᾽[
κᾶλ.[	]α̣ι μελήσην·
–	
ἐστ.[	]φίλα φαῖμ᾽ ἐχύρα γέ̣[νεσθαι
.]χα̣[	]ενα[.]αις· ἀτ̣[
	]. .δ᾽ ὀνίαρ̣[ο]ς̣ [
	].πίκρος ὔμ[
	]. [.]τα̣.θᾶδ̣[
	].α̣ τόδε δ᾽ ἴσ̣[θ(ι)
	]. ὤττι σ᾽ ἐ.[
	]α φιλήσω[
	]τ̣ω τ̣ι λο[
	]σσον γὰρ .[
	]σ̣θαι βελέω[ν
	]. .[

a

…

… vor …
… zu …
… *lock[er(n)* …

… wollen mögest; und nicht …
… wenig …
… fortgetragen werden …

b …
… … angenehmer zu
seh[en …
dies … … weißt du auch selbst:
–
… … hat vergessen, aber …
dich … … : *was (ist) lei(chter)*
… … jemand könnte sagen …
[–]
… … : denn auch ich …
(werde) lieb[en … solange in mir ist …
… … zu sorgen;
–
… … eine zuverlässige Freundin meine ich gew[esen
zu sein …
… schmerzlich …

... bitter ...

...

... dies aber wisse ...

... dass ich dich ...
... werde ich lieben ...
... was ...

... denn be[sser ...
... der Pfeile ...

...

90 Voigt
(*Commentarius*)

col. II

]χ̣.
–].ντι
ν[ ].εσει
να[ ].οντων –
εν.[ ] Κυθερήας τρό-
–
φος[θ]ρέ̣π̣τ̣η ἐν ἄλλοις
δὲ θυγ[ατέρα (τῆς) Ἀφρο]δίτ̣ης εἴρηκε τὴ[ν
Πειθώ· .[ ]ῃσεφ̣ωνειημ̣[
–

τασαλλη[ ].εαυτῆς π̣ρ[οσα-
γόρευε· ὔμ[ ].[.]θ̣ ε̣λοισα[. .].[
–
θικονετρ[ ]ασιν χ[ ]
–
ἄμμι̣ ἀγγ[ ]τινα[ ]
–
δαιμ[.]να̣θ̣[ ].ο̣συν[ ]
ἵνα η. .πε.[ ]
λεγ' ⟦ο⟧ ἄ̣μμε[ ]
μεν[.].ϊε[ ]
δηε[.]π.σ.[ ].
θελετ̣ε̣[ ]. .φι
–
οντεκ[ ]του
δυνατ[ ]ε̣ι̣μαι'
–
χερρες[ ] καὶ κα-
τ' ἰδίαν[ ].[ ]η̣ς καὶ
πρὸς τὴ[ν μο]χ̣θοῦν[-
–
τ̣[.]ς̣ προ.[ ]τ̣ανυ[-
π̣τ̣ερυγ.[ ].ατο̣[
]ο̣φησ.[
].[

col. III

[

.[ἀγε-]
ρώχου[ς ἄγαν ἐχού-]
σας γέ̣ρας: .[
—
καὶ Γυριννͅ[
τας τοιαύτας̣ . [.]. .[ἔ-]
—
γω τὸ κάλλος ἐπετ.[
μέ<σ>δον· τί γὰρ ἠνεμ[
εἶναι καὶ ἀρετῆς πο̣[ἀλ-]
λὰ μήποτε λέγει ὅτι ο[
καλλι̣ εὐφήμεισθα[
—ο
μοι ζεφύ̣ρω π̣νευμα[
σοὶ δ' ἀν[εμ]ο̣φόρητο[
]ν̣ονδεκα.[
]ς παιτασμ[πρὸς]
Ἀνδρομέ]δ̣ην γέγρα̣[πται
] ὑπὸ Ἀνδ[ρομέδης
].ι οὐκευν[
]ω̣αρρε.[
]χ̣ητις[

b

]ο̣υ̣τι̣.[
]π̣οι̣η. .τ.[
]ηθ̣εια̣ν.[

c

]νομε[.].[
].ταπυ̣ν̣.[
]μενον ⁚ ϊ[

]ειν φ[
]. .ηβ.[
]σλον [
]δ̣.[.]ε̣⟦μ̣ον⟧ [
]θ̣ω̣σα.[
].ωμ[
]· σουαν̣[
]απαξ τουτ[
]ο̣υπαντα[
] πρῶτον [
].[.]οις προα[
]θ̣ανειν[
]κ̣ρ̣έσσον γὰ[ρ . . . . . . [

]ν̣οημμαα[
]ε̣φεροι.᾽[
]. . .[
].γ̣[

d

].ς γα̣ρ[
]ηκετ.[
]λατωσ.[
].περισα[
].ι θυμ̣[
].τοτη. . .[
]ο̣σφησινα [
]νυ̣ποτου [
].[
]υ[
].ι[
].αμενην [

e

]. [
]θι γλυ[
]ταεν[
]σ̣. . . [

]καὶ χαριε̣.[
ἐν ταύ]τῃ̣ι ὠ<ι>δῆ<ι> λέ[γει ὅτι
] Ἄτθιδο̣ς [
]αυτης̣[
].η̣βα̣θυ̣[
].[

(Kommentar)

Spalte II

...
–
...
...
–
... Kythereas Am-
–
me [... in anderen (Liedern)
hat sie sie Tochter (der) Aphrodite genannt, die
Peitho: ...
–
... redete sie
an: eu[ch ... gern ...
–
...
–
uns *Bot*[*schaft*

unst[erblicher G]ott ...
damit ...
... uns ...
...
...
ihr wollt ...
–
den ...
...
–
Hände ... gemäß der
eigenen ...
zu der ... sich m]ühen[d ...
–
... mit ausgestreckten
Flügeln ...
...
...

Spalte III

...
... arro-]
gant ... [welche zuviel
Privilegien ha[ben ...
–
und Gyrinn[o]
solche (Frauen) ... i-
–

ch die Schönheit …
größer: denn was …
sein und der Tugend … a-]
ber vielleicht sagt sie, dass …
schön. Still sein
–o
mir des Zephyros Wehen
dir aber vom Wind getragenes …
…
… *o Kind der* [*an*]
Androme]*da* ist geschrie[ben
… von And[romeda
… nicht *wohl* …
…
… *und welche* …

b

…
…
…
…
Gedanke(n) …
…
…
…
…
…

c

…
…
…
…
…
…
…

…
… einmal dies …
… nicht alles …
… zuerst …
…
… sterben …
… und besser …

d

… denn …
…
…
…
…
…
…
… von dem ..
…
…
…
… *bleiben* …
… und anmu[tig …
in dieser] Ode sa[gt sie, dass
… von Atthis …

e

…
… (*o*) *sü*[*ße At*]*this* …
…
…

Ein Papyrus-Kommentar (90 Voigt)

Dieser Kommentar zu Sapphos Gedichten enthält in Zitatform einige Worte (hier durch Sperrung markiert), für die sich kein Zusammenhang rekonstruieren lässt.

91 Voigt

‸*hipp*^{2c}

ἀσαροτέρας οὐδάμα πω‿Εἴρανα, σέθεν τύχοισαν

Noch nie traf ich eine, Eirana, die ärgerlicher war als du.

Eirana (Fr. 91 Voigt)

Dieses Mädchen wird in Fr. 135 Voigt als Pandions Tochter angeredet. Die Frage ist, ob der vermeintliche Widerspruch zwischen den beiden Aussagen über Eirana nicht etwa einem ironischen Wortwitz mit deren Namen in diesem Fragment geschuldet ist: Noch nie habe Sappho eine Boshaftere als »Frieden« getroffen (zu ἄσαρος vgl. auch Fr. 103,8 Voigt).

92 Voigt

[
[
π̣ε̣[
κρ[. . . . .]περ[
πέπλον[. . .]π̣υ̣σ̣χ̣[
καὶ κλ̣ε̣[. .]σαω[
κροκοεντα[
πέπλον πορφυ[ρ. . . . .]δ̣εξω̣[.]
χλαιναι περσ̣[
στέφανοι περ[
καλ[.]ο̣σ̣σ̣α̣μ̣[
φρυ[πορφ[υρ
τ̣α̣π̣α̣
[
[
π[

…
…
…
…
Peplum …
und …
krokusfarbene …
purpurfarbenes Peplum …
Mäntel (aus) *Pers[ien*
Kränze ……

Phry[*gisch* …
Purp[urn …
…
…
…

93 Voigt

]ισ. . .εγ
]ω
]μοις
]ạλίαṿ ἔ̣χω
] παρθένῳṿ

…
…
…
… habe …
… der Mädchen …

94 Voigt

gl || *gl* || *gl*^{d} |||

τεθνάκην δ' ἀδόλως θέλω·
2 ἄ με ψισδομένα κατελίμπανεν
<–>
πόλλα καὶ τόδ' ἔειπέ̣ [μοι·
ὤιμ' ὡς δεῖνα πεπ[όνθ]αμεν,

Ψάπφ᾽, ἦ μάν σ᾽ ἀέκοισ᾽ ἀπυλιμπάνω.
–
τὰν δ᾽ ἔγω τάδ᾽ ἀμειβόμαν·
χαίροισ᾽ ἔρχεο κἄμεθεν
μέμναισ᾽, οἶσθα γὰρ ὤς <σ>ε πεδήπομεν·
–
αἰ δὲ μή, ἀλλά σ᾽ ἔγω θέλω
ὄμναισαι [. . . (.)] . [. . (.)] . ε̣αι
ὀ̣σ̣[– 10 –] καὶ κάλ᾽ ἐπάσχομεν·
–
πό̣[λλοις γὰρ στεφάν]οις ἴων
καὶ βρ[όδων . . .]κίων τ᾽ ὔμοι
κα. . [– 7 –] πὰρ ἔμοι π<ε>ρεθήκα<ο>
–
καὶ πό̣⸤λλαις ὑπα⸥θύμιδας
πλέκ⸤ταις ἀμφ᾽ ἀ⸥πάλαι δέραι
ἀνθέων ἐ̣[– 6 –] πεποημέναις.
<–>
καὶ π. . . . . [ ]. μύρωι
βρενθείωι̣. [ ]ρ̣υ[. .]ν
ἐξαλ<ε>ίψαο κα̣[ὶ ⸤βασ⸥]ι̣ληίωι
<–>
καὶ στρώμν[αν ἐ]πὶ μολθάκαν
ἀπάλαν παρ̣[ ]ο̣ν̣ων
ἐξίης πόθο̣[ν]. νίδων
<–>
κωὔτε τις[ ]τ̣ε̣ τι
ἶρον οὐδ᾽ ὐ[ ]

26 ἔπλετ᾽ ὄππ̣[οθεν ἄμ]μες ἀπέσκομεν,
<–>
οὐκ ἄλσος .[ ].ρος
]ψοφος
29]. . .οιδιαι

Fürwahr, ich wäre lieber tot.
2 Und sie verließ mich jammernd,
[–]
lang, und dies sagte sie zu [mir:]
Ach, welch fürchterliche Pein erleiden wir,
5 Sappho, wirklich gegen meinen Willen verlasse ich dich.
–
Und ihr erwiderte ich dies:
Geh und sei froh und an mich
8 erinnere dich, denn du weißt, wie gern wir dich hatten.
–
Und wenn nicht, dann will ich dich daran
erinnern …
11 wie viel[– 10 –] und Schönes erlebten
–
Denn mit vielen Kränzen von Veilchen
und Rosen und Krokussen …
14 … [– 7 –] bei mir hast du … gelegt
–
und viele Girlanden, mit Blumen
eingeflochten, hast du dir um den zarten
17 Hals [– 6 –] gehängt.

<–>
und … mit Salböl,
dem blumigen …
20 riebst du dich ein und dem königlichen
<–>
und auf weichen Lagern
zart(en) …
23 hast du befriedigt deine Wollust. …
Und kein(e)
und kein Opfer …
26 gab es, dem wir uns fernhielten,
<–>
nicht ein Hain, [ein Ta]nz
… Geräusch
29 …

Ein Abschied (Fr. 94 Voigt)

In diesem vieldiskutierten Fragment ruft Sappho einem scheidenden Mädchen die schönen und erlebnisreichen Zeiten, die sie zusammen verbracht haben, ins Gedächtnis. Da das Mädchen als Adressatin des Lieds wohl nicht mehr anwesend sein konnte, richtet sich die Botschaft an die Gruppe der anwesenden Mädchen und dient durch die Erinnerung an die gemeinsamen Erlebnisse zur Stärkung der Gruppenidentität. Das Lied erfüllte somit eine paradigmatische Funktion: Was jetzt für dieses Mädchen gilt, wird früher oder später unvermeidlich für jedes einzelne Mädchen des Thiasos gelten. Eine Aufgabe von Sapphos Lied besteht darin, stellvertretend das jeweils scheidende Mädchen im für alle schmerzlichen Augenblick der Trennung zu trösten. Den Ehrlichkeitsgrad sowie die Individualität der zum Ausdruck gebrachten Gefühle in solchen stark formalisierten, gar konventionellen Abschiedsliedern bestimmen zu wollen, ist ein müßiges Unterfangen.

1 Ähnliche Formulierungen anlässlich des Abschieds eines Mädchens aus dem Thiasos (Fr. 31,15 ff. und 95,11 ff. Voigt) sprechen dafür, dass der hier ausgedrückte Todeswunsch mit höherer Wahrscheinlichkeit Sappho zuzuweisen ist, wobei solchen Äußerungen gewisse Züge eines konventionellen, vielleicht sogar rituellen Charakters innerhalb der Gruppe wohl nicht fremd sind.

3 Ein syntaktisches Problem stellt πόλλα dar: Es wurde als Adverb mit ψισδομένα (»lang, viel«), als Adverb oder Objekt mit ἔειπε (»oft« bzw. »Vieles«) verbunden.

18 ff. Ein »königliches Salböl« ist auch bei Plinius d. Ä. bezeugt (*Nat. hist.* XIII 18: *regale unguentum appellatum, quoniam Parthorum regibus ita temperatur*).

23 ἐξίης πόθον ist wohl im Sinne einer sexuellen Befriedigung zu verstehen (wozu die Übersetzung von Treu »hast verströmt du die Sehnsucht nach ...« als etwas zu prüde erscheint), zumal im vorigen Vers die Rede von »weichen Betten« ist. Die erotische Valenz des ganzen Lieds auch unter Berücksichtigung von dessen chorischer Dimension wurde entsprechend hervorgehoben.

95 Voigt

fort. metrum Fr. 96

1 . ου[
[–]
ἤ̣ρ᾽ ἀ[
δηρατ.[
4 Γογγυλα.[
<–>
ἤ τι σᾶμ᾽ ἐθε. [
παισι μάλιστα. [
7 μας γ᾽ ε̣ἴ̣σηλθ᾽ ἐπ. [
<–>
εἶπον· ὦ δέσποτ᾽, ἐπ.[
ο]ὐ μὰ γὰρ μάκαιραν̣ [
10 ο]ὐδὲν ἄδομ᾽ ἔπαρθ᾽ ἀγα[
[–]
κατθάνην δ᾽ ἴμερός τις [ἔχει με καὶ
λωτίνοις δροσόεντας [ὄ-
13 χ̣[θ]οις ἴδην Ἀχερ[
[–]
.]. . δεσαιδ . [
.]. ν̣δετον̣[
16 μητισ̣ε̣[. . .
[–]

1 . . .
[–]
. . .

…
4 Gongyla …
<–>
gewiss ein Zeichen …
allen und besonders … [Her-
7 mes kam …
<–>
Ich sagte: o Herr …
nicht, um die glückselige …
10 gar nicht gefällt mir, verworren zu sein …
[–]
Eine Lust zu sterben [*besitzt mich und*
die lotusblühenden, taufrischen [U-
13 fer zu sehen des Acher[on
[–]
…
…
16 …
[–]

Gongylas Verlust (Fr. 95 Voigt)

Sappho erzählt vom Verlust, vermutlich eines auch aus Fr. 22 Voigt bekannten Mädchens namens Gongyla: Ob Sappho ihren Abschied bedauert oder um ihren Tod trauert, geht aus den erhaltenen Resten des Lieds nicht hervor. Sie erzählt aber auch, dass sie bei dieser Gelegenheit Hermes zu sich rief und dass der Gott zu ihr kam und sie vom Überdruss befreite. Neben Hermes wird noch eine weitere Göttin glücklich gepriesen (V. 9), wahrscheinlich die Hades-Göttin Persephone. Auch hier wird wie in Fr. 31,15 ff. und Fr. 94,1 Voigt ein Todesverlangen formuliert. Die Sehnsucht nach dem Tod ist so intensiv geschildert, dass sogar das Gestade des Unterweltflusses dargestellt wird.

96 Voigt

cr 3gl ba |||

] σαρδ. [. .]
2 πόλ]λακι τυίδε̣ [ν]ῶν ἔχοισα
[–]
ὠσπ. [. . .] .ώομεν, .[. . .]. .χ[. .]
σε †θεασικελαν ἀρι-
5 γνωτα†, σᾶι δὲ μάλιστ᾽ ἔχαιρε μόλπαι̣·
<–>
νῦν δὲ Λύδαισιν ἐμπρέπεται γυναί-
κεσσιν ὤς ποτ᾽ ἀελίω
8 δύντος ἀ βροδοδάκτυλος <σελάννα>
<–>
πάντα περ<ρ>ρέχοισ᾽ ἄστρα· φάος δ᾽ ἐπί-
σχει θάλασσαν ἐπ᾽ ἀλμύραν
11 ἴσως καὶ πολυανθέμοις ἀρούραις·
–
ἀ δ᾽ <ἐ>έρσα κάλα κέχυται τεθά-
λαισι δὲ βρόδα κἄπαλ᾽ ἄν-

θρυσκα καὶ μελίλωτος ἀνθεμώδης·
<—>
πόλλα δὲ ζαφοίταισ᾽ ἀγάνας ἐπι-
μνάσθεισ᾽ Ἄτθιδος ἰμέρωι
λέπταν ποι φρένα κ[.]ρ. . . βόρηται·
<—>
κῆθι δ᾽ ἔλθην ἀμμ. [. .]. .ισα τọδ᾽ οὐ
νωντα[. .]υστọνυμ̣[. . (.)] πόλυς
γαρύει̣ [. . (.)]αλον̣[. . . . . (.)].τọ μέσσον·
—
ε]ὔ̣μαρ[ες μ]ẹ̀ν οὐ. α. μι θέαισι μόρ-
φαν ἐπή[ρατ]ον ἐξίσω-
σθ̣αι συ[. .]ρ̣ọς ἔχη<ι>σθα[. . .] .νίδηον
—
[ ]τọ[. . . .]ρατι-
μαλ[ ]. ερος
καὶ δ[.]μ̣[ ]ος Ἀφροδίτα
—
καμ̣[ ] νέκταρ ἔχευ᾽ ἀπὺ
χρυσίας [ ]ṿαν
. . . (.)]απουρ[ ] χέρσι Πείθω
[ ]θ[. .]ησενη
[ ]ακις
[ ]. . . . . .αι
[ ]ες τὸ Γεραίστιον
[ ]ṿ φίλαι
[ ]ṿστον οὐδενο[
[ ]ερον ἴξο[μ

… Sard[es …
2 oftmals hierher [den Ged]anken richtend
[–]

…
dich †einer angesehenen Göttin ähnlich†,
über deinen Gesang freute sie sich am meisten:
<–>
Und nun unter den lydischen Frauen tritt sie hervor
wie zuweilen, wenn die Sonne
8 untergeht, die rosenfingrige <Mondgöttin>
<–>
sämtliche Sterne überragt; und sie breitet ihr Licht
aus über das salzige Meer
11 und zugleich über die vielblühenden Felder:
–
und der schöne Tau ist ausgegossen, es blühen
die Rosen und die zarten Kerbel-
14 kräuter und der gedeihende Honigklee.
<–>
Und oft irrt sie umher, die liebevolle
Atthis ruft sie sich ins Gedächtnis zurück – und
Sehnsucht
17 nagt an ihrem zarten Herzen […].
<–>
Und dorthin zu gehen uns … dies nicht
denkend … viel
20 ruft … die Mitte:
–

Leichtfertig für uns ist es nicht, mit den Göttinnen die
Schönheit, die bezaubernde, zu verglei-
23 chen … du hast …
–
…
…
26 … Aphrodite
–
… Nektar goss aus
einer goldenen …
29 … mit den Händen Peitho
…
…
32 …
… das Geraistion
… (die) lieben
35 …
…

Die lydische Braut (Fr. 96 Voigt)

Im lückenhaften V. 1 (aus metrischen Gründen nicht der Anfang des Lieds) ist von der lydischen Stadt Sardes die Rede, in der sich jetzt ein Mädchen befindet, nunmehr als Braut. Noch im Thiasos hatte ein anderes Mädchen, Atthis, die Besungene mit einer Göttin verglichen und sich an ihrem Gesang sehr erfreut. Die lydische Braut glänzt nun ihrerseits unter den lydischen Frauen, wie der »rosenfingrige« Mond unter den Sternen nach dem Sonnenuntergang, wobei der Vergleich in eine effektvolle Schilderung einer Naturlandschaft hinübergleitet, die den Rahmen für ihre Sehnsucht nach Atthis bildet.

4 f. Bei ἀρίγνωτα handelt es sich wohl eher um ein Epitheton (»angesehen, hochgeschätzt«), das in der homerischen (*Odyssee* 6,108 auf Artemis bezogen) wie in der lyrischen Sprache vorkommt, als um einen weiblichen Eigennamen (Arignota). Um dem unbekannten Mädchen in Lydien einen Namen zu geben, wurde unnötigerweise anhand von Fr. 16 Voigt auch die Figur der Anaktoria evoziert.

6 ff. Das berühmte Mondgleichnis (vgl. auch Fr. 34 Voigt) hat seine Folie in Homer, *Ilias* 8,555 ff. In V. 8 ist σελάννα eine Konjektur (Schubart) für das unmetrische μήνα (vgl. das homerische μήνη): Es handelt sich auf jeden Fall um die Mondgöttin.

10 ff. Hinter dieser Naturlandschaft hat man eine imaginierte Welt sehen wollen (mitsamt hymenäischen Zügen, allerdings ohne überzeugende Argumente), wobei einige Elemente auf die Riten des Thiasos zurückgehen könnten.

26 ff. Die Epiphanie Aphrodites weist, soweit rekonstruierbar, Ähnlichkeiten zu Homer, *Odyssee* 6,101 ff. auf und erinnert an Fr. 2 Voigt, insbesondere mit dem Bild des Nektar-Einschenkens.

29 Der Name der Überredungsgöttin Peitho ist hier der Verbform πείθω (»verführe«) vorzuziehen; denn einem Scholion zu Hesiod, *Werke und Tage* 74 zufolge erschien Peitho bei Sappho als Aphrodites Tochter.

33 Geraistion könnte für das Poseidon-Heiligtum im euböischen Vorgebirge Geraistos stehen, der Kontext dieser Erwähnung lässt sich jedoch nicht bestimmen.

97 Voigt

inc.

1–12 unleserlich

13 ἀερ[
περα[
κυ̣[
σιν[
σὺ δ᾽. .[
τ̣ο̣υ . . [   ].υπνου

19–23 unleserlich

24 κ̣αλλε α̣υ[
περιπτερα[
.]νιαν ἐλεφαν̣[
. .]ρ̣πασκ̣α̣.[

1–12 unleserlich

13 …
…
…
…
und du …
…

19–23 unleserlich

24 …
…
… elfenbei[n- …
der Na]del …

98 Voigt

gl || *gl* || *cr gl* |||

a

1 . .]. θος· ἀ γάρ μ᾽ γέννᾳ[τ
[–]
σ]φᾶς ἐπ᾽ ἀλικίας μέγ[αν
κ]όσμον αἴ τις ἔχη φόβα<ι>ṣ[
4 π̣ορφύρ̣ωι κατελιξαμέ[να
<–>
ἔ̣μμεναι μάḷα τοῦτο . [
ạλλα ξανθοτέρα<ι>ς ἔχη[
7 ṭα<ὶ>ς κόμα<ι>ς δάιδος προφ[
[–]
σ]τεφάνοισιν ἐπαρτία[ις
ạνθέων ἐριθαλέων·
10 μ]ịτράναν δ᾽ ἀρτίως κλ[
[–]
π̣οικίλαν ἀπὺ Σαρδίω[ν
. . .]. αονίας πόλ{ε}ις [

1 … denn jene, die mich geba[r[–]
in ihrer Jugend ein gro[ßer
Schmuck, wenn eine die Schläfen trug
4 mit einem purpurnen […] geschnürt[
<–>
sei dies gewesen …
aber wer noch blonderes Haar habe …
7 die Haare als eine Fackel …
[–]
mit angefertigten Kränzen
von gedeihenden Blumen:
10 und eine Mitra neulich …
[–]
bunt aus Sardes
…]aonische Städte [

b

– σοὶ δ' ἔγω Κλέι ποικίλαν
– οὐκ ἔχω – πόθεν ἔσσεται; – [
3 – μιτράν<αν>· ἀλλὰ τὼι Μυτιληνάωι [

* * *

] . [
παι.α.ειον ἔχην πο.[
6 αἰκε̣.η ποικιλασκ. . . (.) [
–

ταῦτα τὰς Κλεανακτιδα̣[
φύγας †. .ισαπολισεχει†
μνάματ᾽· .ἶδε γὰρ αἶνα διέρρυε̣[ν
–

– und ich dir, Kleïs, eine bunte ...
– weiß nicht – woher sie sein wird? – [
– eine Mitra; aber dem Mytilenäer [

* * *

] . [
... haben ...
... bunt ...
–
diese von dem der Kleanaktide[n
Exil † ... *Stadt hat*†
Denkmäler: D]iese nämlich glitten entsetzlich aus
–

Sappho und ihre Tochter (Fr. 98ab Voigt)

Die beiden Fragmente *a* (P.Haun. 301) und *b* (P.Mediol. 32) wurden sehr früh miteinander kombiniert und werden noch heute generell als Teile eines einzigen Gedichts betrachtet. Im ersten spricht Sappho zu ihrer Tochter Kleïs, im zweiten erwidert diese auf die Mutter (Kleider bzw. Accessoires sind

Gegenstand auch von Fr. 39, 92, 100 und 101 Voigt). Die Relevanz, ja die politische und historische Brisanz dieses Lieds liegt jedoch im Hinweis auf die rätselhafte Figur eines Mytilenäers (*b* 3), dem Sappho vermutlich die Schuld gibt, dass ihre Tochter kein Haarband – die μιτράνα – beschaffen konnte: Er habe jedenfalls mit der Verbannung der Kleanaktiden zu tun. Wer Myrsilos zu den Kleanaktiden zählt, sieht im »Mytilenäer« den Herrscher Pittakos (hat man auch an Alkaios gedacht). Ebenfalls unklar ist, welche Sorgen oder Probleme bei den Bürgern Mytilenes entstanden und ob sie etwa als Folge der Verbannung aufzufassen sind (b 7 ff.).

Sappho 99 Lobel–Page = Alkaios 303A Voigt

Dieses Fragment, das in der Edition von Lobel–Page noch Sappho zugewiesen wurde, erscheint in der hier befolgten Edition von Voigt unter Alkaios.

100 Voigt

inc.

ἀμφὶ δ' ἄβροισ' <   > λασίοισ' εὖ <ϝ'> ἐπύκασσεν

mit sanften borstigen … deckte sie sie/ihn/sich … gut ein

101 Voigt

fort. gl || gl || gl^d |||

(πρὸς τὴν Ἀφροδίτην)
χερρόμακτρα δὲ †καγγόνων†
πορφύραι †καταυταμενά-
τατιμάσεις† ἔπεμψ᾽ ἀπὺ Φωκάας
δῶρα τίμια †καγγόνων†

(zu Aphrodite)
und (Hand)tücher …
purpurn(e) …
… schickte aus Phokaia,
wertvolle Geschenke …

101 A Voigt

inc., fort. gl || hipp ||

πτερύγων δ᾽ ὔπα
κακχέει λιγύραν ἀοίδαν,
ὄπποτα φλόγιον †καθέ-
ταν† ἐπιπτάμενον †καταυδείη†

und von unter den Flügeln
verströmt [die Zikade] einen hellen Gesang
wenn glühend †καθέ-
ταν† sich ausbreitet †καταυδείη†

Die singende Zikade (101 A Voigt)

In diesem Fragment, das der Zitatträger Demetrios (*De eloc.* 132) nach mehreren Sappho-Zitaten anonym anführt und das auch Alkaios zugewiesen wurde (Fr. 347 Lobel–Page), finden sich tatsächlich auffallende Analogien zum Alkaios-Fragment 347 Voigt: Hier wird ein Sommersymposion geschildert, wo in der Hitze alles verdurstet und nur die Zikade sich hören lässt (vgl. Hesiod, *Werke und Tage* 582 ff.). Die sapphische Autorschaft wurde jedoch mit überzeugenden Argumenten verteidigt (eine Abhängigkeit von Hesiod wird auch bei diesem Fragment erwogen, woraus folgende Rekonstruktion von V. 3 f. resultiert: ὄπποτα φλόγιον κάος / γᾶν ὀμπεπτάμενον καταύει »wenn die brennende Hitze die Erde, die sie einwickelt, austrocknet«).

102 Voigt

ia gl ba

⊗ γλύκηα μᾶτερ, οὔ τοι δύναμαι κρέκην τὸν ἴστον
πόθωι δάμεισα παῖδος βραδίναν δι' Ἀφροδίταν

⊗ Süße Mutter, ich vermag nicht das Gewebe zu spinnen,
von der Begierde bezwungen für einen Jungen der
delikaten Aphrodite wegen

Das webende Mädchen (Fr. 102 Voigt)

Eine Imitation dieses Distichons, dessen Motiv an eine nicht näher definierbare volkstümliche Tradition erinnert, findet sich bei Horaz (*c.* III 12,4 ff. *tibi qualum Cythereae puer ales, tibi telas / operosaeque Minervae studium aufert, Neobule, / Liparaei nitor Hebri*). Das Fragment, dessen einzige exegetische Schwierigkeit in der Definition des Attributs βραδίναν für Aphrodite besteht (»schlank, wendig«, »zart, delikat« oder gar »schelmisch«?), ist von Sapphos erotischer Sprache geprägt.

103 Voigt

vgl. Voigt S. 114

]. εν τὸ γὰρ ἔννεπε[.]η προβ̣[
]. ατε τὰν εὔποδα νύμφαν [
]τ̣α παῖδα Κ̣ρο̣νίδα τὰν ἰόκ[ολπ]ον [
]. ς̣ ὄργαν θεμένα τὰν ἰόκ[ολ]π̣ος α[
]. . ἄγναι Χάριτες Πιέριδέ[ς τε] Μ̣οῖ[σαι
] . [. ὄ]π̣π̣οτ᾽ ἀοιδαι φρέ̣ν[. . .]αν.[
]σ̣αιοισα λιγύραν [ἀοί]δαν
γά]μβρον, ἄσαροι γὰρ̣ ὐ̣μαλι̣κ[
]σε φόβαισι<ν> θεμέν̣α λύρα. [
]. . η χρυσοπέδι̣λ̣<ο>ς Αὔως [

… und sag es …
… die schönfüßige Braut ..

... Kind des Kroniden, das mit der Veilchenbrust ...
... den Zorn aufgebend, den die mit der Veilchenbrust ...
... ehrwürdige Chariten und pierische Mu[sen
... wenn die Gesänge das Herz ...
... einen hellen Gesang hörend ...
... Bräutigam, denn lästige Gleichaltr[ige
... den Haarlocken, die Leier ablegend ...
... Morgengöttin mit den goldenen Sandalen ...

Epithalamien (Fr. 103 Voigt)

Es wurde plausibel vermutet (Lobel, Treu), dass es sich bei diesen in einem Papyrus-Kommentar überlieferten Versen um Anfangsverse von neun verschiedenen Hochzeitsliedern handelt. Neben Fr. 27, 30 und 44 Voigt stammen auch die Fr. 103–117 Voigt aus Epithalamien.

10 3A Voigt

a

col. I	col. II
]	σμικρ[
]θην	τὰν σφ[
]οις	πολλα[
]οις	πρὶγ γα̣[
]	–
]οι	πόλλαισ̣[
]	τῶν σφῶ[ν
]	ὠδαμελ̣[
]	χει̣[⊗
]	
	Γόργ̣[

b

εἰ̣σ̣ Κυπ[
ι̣ – – .[
– – – τ[
– – – ωγ̣[
–
vacat

Spalte I

…
…
…
…
…
…
…
…
viele …
…
…

…
…

Spalte II

klein …
die …
viel(e) …
bevor …
–
…

Gorg(o) …

b

nach Zyp[ern
…
…
…
–
vacat

103 B Voigt

inc.

]ρηον θαλάμω ṭωδεṣ[
]ịς εὔποδα νύμφαν ἀβ̣[
].νυνδ
]ν μοι·[
]ας γε̣.[

… *dieses* Ehebettes …
… die Braut mit dem guten Fuß …
… und nun …
… mir: …
…

Ein Epithalamion (Fr. 103 B)

Die Worte »Ehebett« und »Braut« verweisen eindeutig auf ein Hochzeitslied.

103 C Voigt

a

]προλ[
]φερην̣[
].ιδεθελ[
Ἀρ]χ̣εάνασσα[
]δήποτ' ὀνα[
]νασαμέν[
]εν ἐπηρατ[
]ν[

b

]α.[
ἔ]κλυον ε[
]ρανν̣. .δες δ[
πα]ρθενικαισ.[
].μ[
].[

a

…
… *bringen* …
…
Archeanassa …

...
e]rinnernd ...
... liebli(ch ...
...

b

...
... ich hörte / sie hörten ...
die K]ranniaden ...
die Mädchen ...
...
...

Archeanassa und die Kranniaden (Fr. 103C Voigt)

Ein Mädchenname und eine Erinnerung sind die einzigen erkennbaren Elemente. Archeanassa wird zusammen mit Gorgo in Fr. 213,2 f. Voigt (einem Kommentartext) erwähnt. Die Ergänzung Κραννίαδες »Nachkommen des athenischen Königs Kranaos« (Lobel) basiert auf Theokrit I 22 Κρανιάδων (*varia lectio*) und Aischylos Fr. 168 N.[2], wo κρηνιάσιν für das überlieferte κρήναισιν konjiziert wurde. Der Bezug zu Athen ist vielleicht darin zu erkennen, dass der Mytilenäer Archeanax (vgl. zu Alkaios Fr. 112,24 Voigt) sich im Krieg gegen die Athener durch die Befestigung des Sigaion ausgezeichnet hatte (Strabo 13,3,38).

104 Voigt

(a) v. 1: 6da$_{\wedge}$ v. 2: ia | pher^{2d}? (b) inc.

a

Ἕσπερε πάντα φέρηις ὄσα φαίνολις ἐσκέδασ᾽ Αὔως,
φέρηις ὄιν, φέρηις αἶγα, φέρηις ἄπυ μάτερι παῖδα.

Abendstern, bringst alles zurück, was die strahlende Eos zerstreute,
du bringst das Schaf, die Ziege zurück, führst weg von der Mutter ihr Kind.

b

ἀστέρων πάντων ὀ κάλλιστος

von allen Sternen der schönste

Hesperos (Fr. 104 Voigt)

Der Abendstern ist die Venus, die abends vor dem Sonnenuntergang (und morgens vor dem Sonnenaufgang) sehr hell wird. Mit Bezug auf *a* und Fr. 105a–b Voigt wurde von Teilen eines einzigen Hochzeitslieds in Form eines Wechselgesangs gesprochen, in dem sich Mädchen und Jungen abwechseln. Ein Anklang von *a* an Hesiod, *Werke und Tage* 578–581 wurde ebenfalls erkannt. Eine syntaktische Schwierigkeit bietet der letzte Satz: ἄπυ als Adverb und μάτερι als *Dativus sympatheticus* ergeben den Sinn: »du führst der Mutter das Kind fort«, während ἄπυ als Präverb zu der weniger wahrscheinlichen Sinnvariante führen würde: »du bringst das Kind zurück zur Mutter« (nach Spiel oder Arbeit). Die Aussage von *b* über den Abendstern, der vielleicht eine erotische Note nicht fremd ist, findet sich bereits in der *Ilias* 22,318 und wurde später in der Imitation Catulls wieder aufgenommen (*c.* 62,26 *Hespere, quis caelo lucet iocundior ignis?*).

105 Voigt

6da^

a

οἶον τὸ γλυκύμαλον ἐρεύθεται ἄκρωι ἐπ᾽ ὔσδωι,
ἄκρον ἐπ᾽ ἀκροτάτωι, λελάθοντο δὲ μαλοδρόπηες·
οὐ μὰν ἐκλελάθοντ᾽, ἀλλ᾽ οὐκ ἐδύναντ᾽ ἐπίκεσθαι

b

οἴαν τὰν ὐάκινθον ἐν ὤρεσι ποίμενες ἄνδρες
πόσσι καταστείβοισι, χάμαι δέ τε πόρφυρον ἄνθος . . .

a

Wie der süße Apfel rötet an der Spitze des Astes,
hoch über dem höchsten, und ihn vergaßen die Apfel-
pflücker –
nein, sie vergaßen ihn nicht, aber sie konnten ihn nicht
erreichen

b

So wie die Hyazinthe in den Bergen die Schäfer
mit den Füßen treten, und am Boden die purpurne
Blume …

Lob der Braut (Fr. 105 Voigt)

Auch hier liegen Bruchstücke eines Epithalamions vor. Auf *a*, das als Lobpreisung einer Braut interpretiert wurde, könnte Catull (*c.* 65,19–24) angespielt haben. Isoliert blieb die Meinung von Lobel, der aufgrund vermeintlicher metrischer und sprachlicher Unregelmäßigkeiten (u. a. verstoße der Gebrauch des Artikels bei einem Wort wie γλυκύμαλον gegen das Lesbische) das Fragment für ein alexandrinisches Produkt hielt. Zusammen mit Fr. 104a Voigt wurden *a* und *b* als Teile eines einzigen Wechselgesangs zur Hochzeit betrachtet, bei dem sich Mädchen und Jungen abwechselten. Von Longos (3,3,4) wurde angemerkt, dass sich Sapphos Bild auch auf die Zeit vor der Verlobung eines Mädchens beziehen könnte.

106 Voigt

6da^

πέρροχος, ὠς ὄτ᾽ ἄοιδος ὀ Λέσβιος ἀλλοδάποισιν

weit überragend, so wie der Sänger aus Lesbos, als er den
Fremden …

Der Sänger von Lesbos (Fr. 106 Voigt)

Es ist nicht notwendig, den lesbischen Sänger zu identifizieren (Aristoteles Fr. 545 R. sah in ihm den ersten großen Dichter von der Insel: Terpander). Musik und Dichtung hatten auf Lesbos Tradition. Dieser Vers gewährt einen Blick auf die kleinasiatischen Küsten, mit denen Lesbos von seiner strategischen Position aus u. a. intensive kulturelle Beziehungen unterhielt. Evoziert werden wohl auch poetisch-musikalische Wettkämpfe, bei denen sich der »Sänger aus Lesbos« auszeichnete, sodass die Redewendung μετὰ τὸν Λέσβιον ᾠδόν, »nach dem lesbischen Dichter«, ebenso generisch auf den Zweitplazierten in Dichterwettkämpfen bezogen, zu verstehen gibt, dass der erste Platz ständig einem Lesbier zukam. Außer Terpander, Alkaios und Sappho sind wohl der Epiker Lesches, der in Mytilene tätig war, sowie Arion von Methymna zu nennen.

107 Voigt

inc.

ἦρ᾽ ἔτι παρθενίας ἐπιβάλλομαι;

Also an der Jungfräulichkeit halte ich mich noch fest?

108 Voigt

ὦ κάλα, ὦ χαρίεσσα κόρα

o du schönes, anmutiges Mädchen

109 Voigt

δώσομεν, ἦσι πάτηρ

»Wir werden sie geben«, sagt der Vater

110 Voigt

pher [d]

⊗ θυρώρωι πόδες ἐπτορόγυιοι,
τὰ δὲ σάμβαλα πεμπεβόεια,
πίσσυγγοι δὲ δέκ' ἐξεπόνησαν

⊗ Beim Türhüter sind die Füße siebenarmlang
und für die Sandalen wurden fünf Ochsen gebraucht
und zehn Schuster nähten daran

Ein Hochzeitsbrauch (Fr. 110 Voigt)

Hier wird auf einen Hochzeitsbrauch angespielt, nach dem ein Freund des Bräutigams als Türsteher, der hier verspottet wird, der Braut das Ehebett sperren sollte. Die Ähnlichkeit zu den homerischen Epitheta ἐννεόργυιοι und ἑπταβόειος hat an eine frühe Parodie der epischen Diktion denken lassen. Parallelen für das Motiv des Herausgehens aus dem Hochzeitszimmer am Morgen nach der ersten Nacht (z. B. Aischylos Fr. 43 Radt, Theokrit 18,56 f.) wurden zu Recht angeführt.

111 Voigt

inc., fort. pher || *ia* || *ˏpher*^{d} || *ia* |||

⊗ ἴψοι δὴ τὸ μέλαθρον,
ὑμήναον,
ἀέρρετε τέκτονες ἄνδρες·
ὑμήναον.
γάμβρος †(εἰσ)έρχεται ἶσος Ἄρευι†,
<ὑμήναον,>
ἄνδρος μεγάλω πόλυ μέσδων.
<ὑμήναον.>

⊗ Hebt hoch das Türschloss,
Hymenaion,
hebt es hoch, ihr Handwerker;
Hymenaion.
Der Bräutigam †kommt, dem Ares ähnlich†,

<Hymenaion,>
als ein großer Mann viel größer.
<Hymenaion.>

Ein Hochzeitsrefrain (Fr. 111 Voigt)

Es handelt sich um den Refrain eines Hochzeitsliedes (vgl. Homer, *Ilias* 18,493; Euripides, *Troerinnen* 310 ff.; Catull, *c.* 61,4 f.), bei dem die Körpergröße des Bräutigams auch die sexuelle Begabung desselben suggerieren könnte (als Beispiel für die bei Hochzeitsliedern häufig vorkommende rituelle Obszönität).

112 Voigt

cho ba (|) *cho ba* ||

⊗ ὄλβιε γάμβρε, σοὶ μὲν δὴ γάμος ὡς ἄραο
ἐκτετέλεστ', ἔχηις δὲ πάρθενον ἂν ἄραο.
σοὶ χάριεν μὲν εἶδος, ὄππατα <δ' . . . .>
μέλλιχ', ἔρος δ' ἐπ' ἰμέρτωι κέχυται προσώπωι
<. . . . .> τετίμακ' ἔξοχά σ' Ἀφροδίτα

⊗ Glücklicher Bräutigam, dir ist die Hochzeit, wie du es dir gewünscht hast,
vollbracht, und du hast die Jungfrau, die du wünschtest.
Deine Figur ist anmutig, und deine Augen …
honigsüß, und die Liebe breitet sich aus auf deinem verführerischen Antlitz.
… und dich hat hoch geehrt Aphrodite

Braut und Bräutigam (Fr. 112 Voigt)

Im dialogisch gebauten Fr. 112, das aus getrennt zitierten Versen zusammengesetzt wurde, wird erst der Bräutigam (V. 1–2), dann die Braut (V. 3–5) angeredet (Fränkel). Der Bräutigam wird glücklich gepriesen, weil er sich mit dem ersehnten Mädchen vermählt hat. Dessen äußere Vorzüge, unter denen der ihr von Aphrodite verliehene erotische Reiz hervortritt, werden im folgenden Teil angemessen gewürdigt.

113 Voigt

3 io?

οὐ γὰρ
ἀτέρα νῦν πάις, ὦ γάμβρε, τεαύτα

denn es gibt kein
anderes Mädchen jetzt, o Bräutigam, wie sie

114 Voigt

v. 1: 3 cho ba, v. 2: inc.

(νύμφη). παρθενία, παρθενία, ποῖ με λίποισ' ἀ<π>οίχηι;
(παρθενία). †οὐκέτι ἤξω πρὸς σέ, οὐκέτι ἤξω†

(Braut) Jungfräulichkeit, Jungfräulichkeit, wohin gehst du, mich verlassend?
(Jungfräulichkeit) †*nie wieder werd' ich zu dir kommen, nie wieder*†

Die Braut und die Jungfräulichkeit (Fr. 114 Voigt)

Inszeniert wird ein Dialog zwischen der Braut und der personifizierten Jungfräulichkeit. Es könnte sich auch um einen Wechselgesang zwischen der Braut und einer Freundin bzw. zwischen Chören oder Halbchören handeln. Dracontius, ein Dichter aus dem 5. Jahrhundert n. Chr., scheint von diesen Versen inspiriert worden zu sein (6,94 f. *virginitas pudibunda fugit gratumque pavescens / fletibus ora rigat, quae non reditura recedit*).

115 Voigt

pher^{2d}

⊗ τίωι σ', ὦ φίλε γάμβρε, κάλως ἐικάσδω;
ὄρπακι βραδίνωι σε μάλιστ' ἐικάσδω

⊗ Mit wem, lieber Bräutigam, kann ich dich perfekt vergleichen?
Mit einer schlanken Gerte vergleich ich dich am besten.

116 Voigt

inc. (hipp || hipp || ?)

χαῖρε, νύμφα, χαῖρε, τίμιε γάμβρε, πόλλα

Sei gegrüßt, liebe Braut, viel Freude und Glück, verehrter Bräutigam

117 Voigt

3ia^ ?

⊗ †χαίροις ἀ νύμφα†, χαιρέτω δ᾽ ὀ γάμβρος

⊗ †Viel Glück, liebe Braut†, viel Freude dem Bräutigam

117 A Voigt

ξοάνων προθύρων

des geschliffenen Eingangstores

117 B Voigt

a Ἔσπερ᾽ ὐμήναον
b ὦ τὸν Ἀδώνιον

a Abendstern, Hochzeitslied!
b O, das Adonis-Lied …

118 Voigt

inc.

ἄγι δὴ χέλυ δῖα † μοι λεγετ†
φωνάεσσα †δὲ γίνεο†

Nun auf, göttliche Schildkröte, †sag mir†
stimmhaft †sei du doch†

Die Leier (Fr. 118 Voigt)

Mit einem Bild, das auch bei Alkaios vorkommt (Fr. 359,4 Voigt), wird hier die Leier zur poetischen Inspiration angerufen. Eine mögliche Imitation liegt bei Horaz vor (*c.* III 11,3 ff. *testudo … loquax … dic modos*).

119 Voigt

αἰμιτύβιον στάλασσον

ein tropfendes Tüchlein

120 Voigt

gl[1] *(vel 2) c*

ἀλλά τις οὐκ ἔμμι παλιγκότων
ὄργαν, ἀλλ' ἀβάκην τὰν φρέν' ἔχω . . .

... aber ich bin nicht eine von nachtragenden
Wutausbrüchen, sondern habe ein unbeirrbares Herz ...

Ein unbeirrbares Herz (Fr. 120 Voigt)

Wie anhand epischer Vorbilder (*Ilias* 1,115 f., 3,220, 6,142) sowie einer Analyse des Gebrauchs von ἀβακέω (*Odyssee* 4,249 f., Anakreon, *PMG* 416) gezeigt wurde, steht das Adjektiv bei Sappho für eine Gleichgültigkeit gegenüber dem, was nicht greifbar ist. Sie präsentiert sich nach außen als die Unerschütterlichkeit selbst.

121 Voigt

inc.

ἀλλ' ἔων φίλος ἄμμν λέχος ἄρνυσο νεώτερον·
οὐ γὰρ τλάσομ' ἔγω σύν <τ'> οἴκην ἔσσα γεραιτέρα

Aber wenn du uns Freund bist, besorg dir eine jüngere
Begleitung:
Denn ich werd' es nicht ertragen, bei dir zu wohnen, älter
wie ich bin.

Eine Altersfrage (Fr. 121 Voigt)

Hier wendet sich eine weibliche Person, die nicht mit Sappho zu identifizieren ist, an einen jüngeren Mann, wobei vermutet wurde, dass das metrisch unklare Fragment von einem Chor als Hochzeitslied vorgesungen wurde.

122 Voigt

inc.

ἄνθε᾽ ἀμέργοισαν παῖδα παναπάλαν

ein durchaus zartes Mädchen, das Blumen pflückte

Ein zartes Mädchen (122 Voigt)

Hier wird die Konjektur παναπάλαν für das tradierte (und bei Voigt gedruckte) ἄγαν ἀπάλαν aufgenommen (B. Marzullo, Gnomon 50, 1978, 720), die sich durch Homer, *Odyssee* 13,222 f. (νέῳ … / παναπάλῳ) ebenso stützen lässt wie durch die Tatsache, dass das Adverb ἄγαν bei den lesbischen Dichtern nicht belegt ist.

123 Voigt

cr hipp?

ἀρτίως μὲν ἀ χρυσοπέδιλος Αὔως

kürzlich die Morgengöttin mit den goldenen Sandalen …

124 Voigt

αὔτα δὲ σὺ Καλλιόπα

und du selbst, Kalliope, …

125 Voigt

inc.

†αυταόρα† ἐστεφαναπλόκην

… ich flocht Kränze

126 Voigt

inc.

δαύοισ᾽ ἀπάλας ἐτα<ί>ρας ἐν στήθεσιν

Sie, schlafend auf der Brust der zarten Gefährtin

Intimität im Thiasos (Fr. 126 Voigt)

Wie bei ἐξίης πόθον von Fr. 94,23 Voigt liegt hier eine eindeutige Anspielung auf homoerotische Beziehungen innerhalb des Thiasos vor. Wer statt des Partizips Präsens die 2. Person Singular des Optativs liest (δαύοις »mögest du schlafen«), evoziert eine Epithalamion-Dimension bzw. die Präsenz einer imaginären männlichen Figur als Adressaten, die mit einem Mädchen schlafen würde. Auch die tradierte Form ἐτάρας lässt sich als homerisch und mit einer anderen metrischen Deutung verteidigen.

127 Voigt

⊗ δεῦρο δηὖτε Μοῖσαι χρύσιον λίποισαι . . . .

⊗ Hierher wieder, ihr Musen, das goldene (...) verlassend ...

128 Voigt

3cho ba

⊗ δεῦτέ νυν ἄβραι Χάριτες καλλίκομοί τε Μοῖσαι

⊗ Hierher nun, ihr feinen Chariten und ihr schönhaarigen Musen

129 Voigt

inc.

a ἔμεθεν δ᾽ ἔχηισθα λάθαν
b ἤ τιν᾽ ἄλλον ἀνθρώπων ἔμεθεν φίλησθα

a und ich gerate bei dir in Vergessenheit …
b oder jemand anderen der Menschen als mich liebst du

130 Voigt

gl d

⊗ Ἔρος δηὖτέ μ᾽ ὀ λυσιμέλης δόνει,
γλυκύπικρον ἀμάχανον ὄρπετον

* * *

Ἄτθι, σοὶ δ᾽ ἔμεθεν μὲν ἀπήχθετο
φροντίσδην, ἐπὶ δ᾽ Ἀνδρομέδαν πότη<ι>

⊗ Eros wiederum quält mich, der Gliederlösende,
süßbitteres unbezwingbares Getier

* * *

Atthis, dir aber ist's überdrüssig geworden, dich um mich
zu kümmern, und zu Andromeda fliegst du hin

Eros und Atthis (Fr. 130 Voigt)

Die vier Verse sind beim Zitatträger ohne Kontinuitätsbruch angeführt, und es ist nicht unbedingt notwendig, sie zu trennen. Es hat nicht an merkwürdigen Deutungen des ὄρπετον gefehlt (zuletzt wurde z. B. an eine Biene gedacht). Besonders kunstvoll ist die Kombination der drei Epitheta für Eros am Anfang des Lieds, mit denen Sappho aus der episch-lyrischen Tradition schöpft: λυσιμελής ist bereits bei Hesiod (*Theogonie* 121) vom Liebesgott (wie auch in *Carm. pop. PMG* 873), bei Archilochos (Fr. 196 W.²) und bei Alkman (*PMGF* 3,61 f.) dagegen vom Liebesverlangen gesagt. ἀμήχανος ist die Liebe im homerischen Hermes-Hymnus 434, während das Oxymoron γλυκύπικρον eine sapphische Prägung sein könnte (bei Theognis 1353 f. ist der Gedanke ebenfalls auf Eros angewandt, aber das Kompositum ist dort in zwei Adjektive zerteilt). Das äolische Pendant zum homerischen ἑρπετόν bedeutet nichts Spezifischeres als »Tier«. Atthis und Andromeda sind wohlbekannte Mädchengestalten in den sapphischen Liebeskonstellationen.

131 Lobel–Page = 130,3–4 Voigt

132 Voigt

inc.

⊗ ἔστι μοι κάλα πάις χρυσίοισιν ἀνθέμοισιν
ἐμφέρη<ν> ἔχοισα μόρφαν Κλέις <   > ἀγαπάτα,
ἀντὶ τᾶς ἔγωὐδὲ Λυδίαν παῖσαν οὐδ' ἐράνναν . . .

⊗ Ich habe ein schönes Mädchen, das den goldenen Blumen
im Aussehen ähnelt, Kleïs […] das beliebte (Einzel)kind,
für sie würde ich weder das ganze Lydien noch das
reizende …

Kleïs (Fr. 132 Voigt)

Die κάλα πάις ist natürlich Kleïs selbst, Sapphos Tochter (zu ihr vgl. Fr. 98 Voigt), und nicht ein anderes Mädchen aus dem Thiasos, wie auch bisweilen behauptet wurde. Nicht nur ist dem Adjektiv ἀγαπητός jegliche erotische Konnotation fremd, sondern der archaische Gebrauch (Homer, *Ilias* 6,401, *Odyssee* 2,365. 4,817; vgl. Hesych s.v. ἀγαπητός· μονογενής) würde sogar eine Wiedergabe als »Einzelkind« erlauben.

133 Voigt

ia 2io anacl

⊗ ἔχει μὲν Ἀνδρομέδα κάλαν ἀμοίβαν

* * *

Ψάπφοι, τί τὰν πολύολβον Ἀφροδίταν . . . .;

⊗ Andromeda hat ihren verdienten Lohn …

* * *

Sappho, warum die vielbeglückende Aphrodite …?

134 Voigt

3 io anacl

⊗ ζὰ <. > ἐλεξάμαν ὄναρ Κυπρογενηα

⊗ … ich sprach im Traum die Kyprosgeborene

135 Voigt

3 io

⊗ τί με Πανδίονις, ὤ͜ Εἴρανα, χελίδων . . . .;

⊗ Warum Pandions Tochter, o Eirana, die Schwalbe,
mich …?

Pandions Schwalbe (Fr. 135 Voigt)

Ein Hinweis auf den Mythos von Pandions Tochter Prokne, die in eine Schwalbe verwandelt wurde (zum Mythos vgl. Ovid, *Metamorphosen* VI 424 ff., zum Ausdruck »Pandions Schwalbe« Hesiod, *Werke und Tage* 568 und *Anacreontea* 22,3 f.). Eirana, wohl ein Mädchen aus Sapphos Thiasos, wird auch in Fr. 91 Voigt erwähnt.

136 Voigt

pher 2d

ἦρος ἄγγελος ἰμερόφωνος ἀήδων

Des Frühlings Botin, die Nachtigall, mit reizvoller Stimme

137 Voigt

Alk. Strophe

θέλω τί τ' εἴπην, ἀλλά με κωλύει
αἴδως . . .
. . . .
3 [αἰ δ' ἦχες ἔσλων ἴμερον ἢ κάλων
καὶ μή τί τ' εἴπην γλῶσσ' ἐκύκα κάκον,
αἴδως †κέν σε οὐκ† ἦχεν ὄππατ',
ἀλλ' ἔλεγες †περὶ τῶ δικαίω]

Ich möchte dir etwas sagen, aber mich hindert
die Scham …

…

3 [Wenn du nach Edlem Verlangen hättest und nach
Schönem
und nichts dir die Zunge, was übel zu sagen, zerwühlen
würde,
die Scham †*würde dir nicht*† aus den Augen schauen,
sondern du würdest sprechen †*über das Gerechte*]

Im Dialog mit Alkaios? (Fr. 137 Voigt)

Der Zitatträger Aristoteles berichtet, dass Sappho diese Verse Alkaios in den Mund gelegt habe (*Rhetorik* 1367a, 7 ff. τὰ γὰρ αἰσχρὰ αἰσχύνονται καὶ λέγοντες καὶ ποιοῦντες καὶ μέλλοντες, ὥσπερ καὶ Σαπφὼ πεποίηκεν, εἰπόντος τοῦ Ἀλκαίου). Die Frage ist, ob es sich hierbei um einen Dialog handelt zwischen Alkaios, dem die Verse 1 f. zuzuweisen wären, und Sappho, die mit den Versen 3 ff. darauf erwiderte. Es ist jedoch nicht auszuschließen, dass die Verknüpfung der beiden Versgruppen auf spätere Konstruktionen zurückzuführen ist (Page).

138 Voigt

ia ͜ gl vel ia ͜ gl ia?

στᾶθι †κἄντα† φίλος
καὶ τὰν ἐπ' ὄσσοισ' ὀμπέτασον χάριν

halt an †κἄντα† Lieber,
und entfalte die Anmut, die in deinem Antlitz

139 Voigt

θέοι δ[. . .]. νεσω. [. . .] .τικαδακ[. . .
θ̣ε̣[.] . [.]η̣λ̣[.]. . .[ ]ηλα[

… und die Götter [*würden auf der Stelle den Tränenlosen loben*]

…

Tränenlos? (Fr. 139 Voigt)

In Vers 1 erscheint die Rekonstruktion θέοι δ[' ἔπαι] νέσ‹σ›ω[σιν αὔ]τικα δακ[. . . plausibel (Turyń), und sollte auch die Ergänzung αὔ]τικ' ἀδάκ[ρυτον stimmen (Schadewaldt), dann könnte dies ein Pendant zu Fr. 150 Voigt sein, in dem es um die Unvereinbarkeit von poetischer Tätigkeit und Weinerlichkeit geht (Treu).

140 Voigt

pher [2c]

⊗ κατθνάσκει, Κυθέρη', ἄβρος Ἄδωνις· τί κε θεῖμεν;
καττύπτεσθε, κόραι, καὶ κατερείκεσθε χίτωνας

⊗ – Es stirbt, Kytherea, der zärtliche Adonis: was sollen wir tun?
– Schlagt euch die Brust, Mädchen, und zerreißt eure Gewänder

Ein Adonis-Lied (Fr. 140 Voigt)

In diesem dialogisch gestalteten Fragment antwortet Aphrodite auf den Chor als Chorführerin. Die Adonia waren ein Fest zu Ehren des Adonis, eines von Aphrodite geliebten Jünglings, der von einem Eber getötet wurde und für dessen Kult Sappho den ersten Beleg bietet. Der darin erkannte Widerspruch, dass alles, was wir von den Adonia wissen, auf ein Fest privater Natur mit erwachsenen Frauen schließen lässt, während die hier Angeredeten in V. 2 κόραι sind, wurde mit einem rituellen Sprachgebrauch gelöst. Bezüglich des Adonis-Mythos wurde von einer Mythisierung bzw. Sakralisierung des Sterbens sowohl des Gottes und der Vegetation als auch des Menschen gesprochen und bei Sappho der früheste Beleg für einen Adonis-Kult erkannt (ein Lied zu Ehren des Adonis, der Ἀδώνιος, wird auch in Fr. 117B Voigt erwähnt).

141 Voigt

v. 1, 4: ‚pher? v. 2, 3, 5, 6: inc.

κῆ δ᾽ ἀμβροσίας μὲν
κράτηρ ἐκέκρατ᾽
Ἔρμαις δ᾽ ἔλων ὄλπιν θέοισ᾽ ἐοινοχόησε.
κῆνοι δ᾽ ἄρα πάντες
καρχάσι᾽ ἦχον
κἄλειβον· ἀράσαντο δὲ πάμπαν ἔσλα τὼι γάμβρωι

Und dort mit Ambrosia
ein Mischkrug wurde gefüllt
und Hermes mit einer Kanne schenkte den Göttern ein.
Und sie alle
hielten die Becher
und spendeten; und wünschten ohnehin gute Dinge dem Bräutigam.

Götter auf der Hochzeit (Fr. 141 Voigt)

Die traditionelle Kombination der getrennt überlieferten Versgruppen 1–3 und 4–6 erscheint aus metrischen und inhaltlichen Gründen sehr plausibel und wurde von den meisten Herausgebern übernommen. Sie kann jedoch nicht als gesichert gelten. Unter den Hochzeiten, die sich der Teilnahme der Götter erfreuen konnten, bieten sich die von Herakles und Hebe (so u. a. Ahrens und Wilamowitz) sowie die von Peleus und Thetis an (so u. a. Schadewaldt und Eisenberger). Im ersten Teil fungiert Hermes als Mundschenk (vgl. Homer, *Ilias* 1,595 ff.), im zweiten werden ein Trankopfer dargebracht und Segenswünsche an den Bräutigam formuliert. Die Verbindung beider Fragmente geht von der Annahme aus, dass die Götter nach menschlichen Sitten das Trankopfer ausführen. Ob die Darbietung dieses Lieds durch eine von Sappho bzw. deren Kreis konkret erlebte Hochzeit veranlasst wurde, sei dahingestellt (vgl. die ebenfalls mythische Hochzeit von Hektor und Andromache in Fr. 44 Voigt).

142 Voigt

6da^ (pher^3d)

Λάτω καὶ Νιόβα μάλα μὲν φίλαι ἦσαν ἔταιραι

Leto und Niobe waren ganz und gar befreundete Gefährtinnen

Leto und Niobe (Fr. 142 Voigt)

Niobe, die es gewagt hatte, sich mit ihrem Kinderreichtum über die Göttin Leto zu stellen, die nur zwei Kinder geboren hatte, Apollon und Artemis, wurde von diesen beiden mit der Tötung ihrer sämtlichen Kinder bestraft (Homer, *Ilias* 24,602 ff.; die Zahl der Kinder, die sie vom thebanischen König Amphion bekommen hatte, schwankt je nach Überlieferung zwischen 12 und 14). Der unerträgliche Schmerz verursachte ihre Verwandlung in einen Stein (Ovid, *Metamorphosen* VI 146 ff.). Die Erwähnung der beiden Figuren dient bei Sappho wohl als mythisches Paradigma für eine Freundschaftsbeziehung innerhalb des Thiasos, in die Sappho selbst vielleicht mit einbezogen war und die kein gutes Ende nahm (Page).

143 Voigt

6da^ (pher^3d)

χρύσειοι <δ' > ἐρέβινθοι ἐπ' ἀιόνων ἐφύοντο

und golden wuchsen die Erbsen auf den Ufern

144 Voigt

gl^xd

μάλα δὴ κεκορημένοις
Γόργως

voll gesättigt
mit Gorgo

145 Voigt

μὴ κίνη χέραδος

schütte nicht den Kies

146 Voigt

pher[d], *sed alia possis*

μήτε μοι μέλι μήτε μέλισσα

mir weder Honig noch Biene

147 Voigt

inc.

μνάσεσθαί τινά φα<ῖ>μι †καὶ ἕτερον† ἀμμέων

Manchher wird sich erinnern an uns, sage ich, †auch weiterhin†

Ruhmeserwartung (Fr. 147 Voigt)

Wie in Fr. 32 Voigt, wo Sappho von ihrem Talent als Musengabe spricht, und noch expliziter in Fr. 65 Voigt, in dem Aphrodite der Dichterin selbst »überall Ruhm« verspricht, aber auch in der Inversion von Fr. 55 Voigt, wo sie einer unbegabten Frau deren ruhmlose Zukunft prophezeit, erscheint Sappho auch in diesem Fragment als Dichterin, die sich ihrer geistigen Potenz und ihres zukünftigen Ruhmes gewiss ist. Eine »Polemik gegen das weibliche Geschlecht« im Zusammenhang mit Fr. 32 Voigt ist möglich.

148 Voigt

inc.

ὁ πλοῦτος ἄνευ ἀρέτας οὐκ ἀσίνης πάροικος
(ἀ δ᾽ ἀμφοτέρων κρᾶσις †εὐδαιμονίας ἔχει τὸ ἄκρον†)

Der Reichtum ohne Tugend ist kein unschädlicher
Nachbar
(aber beider Mischung †hat den Höhepunkt des Glücks
inne†)

Reichtum und Tugend (Fr. 148)

Eine solche bei Sappho eher ungewöhnliche Aussage ethischer Natur reflektiert einen topischen Gedankengang, für den sich spätere Beispiele aus der Lyrik (Pindar, *Olympische Oden* 2,53 ff. und *Pythische Oden* 5,1 ff.) sowie aus der philosophischen Prosa (Demokrit, Fr. B 77 Diels–Kranz) finden. Im korrupten Teil des Fragments lassen sich nur die Konturen der Pointe erahnen.

149 Voigt

pher *xd?*

ὄτα πάννυχος ἄσφι κατάγρει

Wenn [der Schlaf] die ganze Nacht ihre [Augen] ergreift

150 Voigt

gl[2c]?

οὐ γὰρ θέμις ἐν μοισοπόλων <δόμωι>
θρῆνον ἔμμεν' <. . . . . . .> οὔ κ' ἄμμι πρέποι τάδε

Denn es ist nicht erlaubt, dass im Hause der
Musenverehrerinnen
eine Klage ertönt, noch würde dies zu uns passen

Im Hause der Musendienerinnen (Fr. 150 Voigt)

Hier wird als unzulässig erklärt, im Hause der Musendienerinnen (Sapphos Haus?) einen θρῆνος anzustimmen (kein kodifiziertes Klagelied, sondern eher einen unkontrollierten Trauerausdruck), wobei sich diese Zurückweisung der Trauerklage (auch anhand von Archilochos, Fr. 8 ff. W.[2]) wohl nur auf die Verlängerung über die vom Ritual vorgeschriebene Zeit hinaus bezieht. Mit dem Ausdruck »Haus der μοισόπολοι« verbindet sich wohl eine Art Kultverein zur Musenverehrung, möglicherweise in einem kultisch-institutionellen Rahmen, wovon auch eine Inschrift aus dem 2./1. Jahrhundert v. Chr. aus dem böotischen Oropos zeugt (*IG* VII 2484), der zweite erhaltene Beleg für das Wort μουσοπόλος. Andererseits fehlt es nicht an Beweisen für einen rein technisch-musikalischen Wert des Kompositums. Unsicher ist ferner, ob Fr. 139 Voigt in diesen Zusammenhang zu setzen ist. Unbestritten ist, dass die Verhältnisse zwischen Sapphos Kreis und den Musen, Chariten und Aphrodite einen privilegierten Status genossen.

151 Voigt

pher^{c}

ὀφθάλμοις δὲ μέλαις νύκτος ἄωρος

und die Augen ... der schwarze Schlaf der Nacht

152 Voigt

gl$^{xd?}$

παντοδάπαισ<ι> μεμ<ε>ιχμένα χροίαισιν

in allerlei Färbungen bunt

153 Voigt

inc.

πάρθενον ἀδύφωνον

süßstimmige Jungfrau

154 Voigt

˄gl ba ||

⊗ πλήρης μὲν ἐφαίνετ' ἀ σελάν<ν>α,
αἰ δ' ὠς περὶ βῶμον ἐστάθησαν

⊗ Voll erschien die Mondgöttin,
und sie stellten sich wie um einen Altar

155 Voigt

cr | ˄hipp^{d} vel cr ˄gl

πόλλα μοι τὰν Πωλυανάκτιδα παῖδα χαίρην

und schön sei mir des Polyanax Tochter gegrüßt

156 Voigt

inc., gl^{2d} possis

πόλυ πάκτιδος ἀδυμελεστέρα ...
χρύσω χρυσοτέρα ...

mit einem viel süßeren Gesang als eine Pektis ...
als das Gold goldener ...

157 Voigt

sapph. Strophe?

πότνια Αὔως

ehrwürdige Morgengöttin

158 Voigt

2 ad?

(Σαπφὼ παραινεῖ)
σκιδναμένας ἐν στήθεσιν ὄργας
μαψυλάκαν γλῶσσαν πεφύλαχθαι

(Sappho fordert auf)
Wenn sich der Zorn in der Brust zerstreut,
die umsonst-bellende Zunge zu hüten

159 Voigt

inc.

(Venus loquitur)
σύ τε κἄμος θεράπων Ἔρος

(es spricht Aphrodite)
und du und mein Knecht Eros

160 Voigt

sapph. Strophe?

τάδε νῦν ἐταίραις
ταὶς ἔμαις †τέρπνα† κάλως ἀείσω

dies nun [um] die Gefährtinnen,
die meinigen †τέρπνα† schön werde ich singen

161 Voigt

τανδεφυλάσσετε ἐννε[. .]οι γ̣άμβροι [. . . . .]υ̣ πολίων
βασίληες

Bewacht diese … ihr Freier … der Städte Herrscher

162 Voigt

τίοισιν ὀφθάλμοισι(ν);

mit welchen Augen?

163 Voigt

τὸ μέλημα τὤμον

meine Sorge/Leidenschaft

164 Voigt

τὸν ϝὸν παῖδα κάλει

… ruft das eigene Kind

165 Voigt

φαίνεταί ϝοι κῆνος

Es erscheint sich selbst jener

166 Voigt

gl^{c}?

φαῖσι δή ποτα Λήδαν ὐακίνθινον
<. . . .> ὤϊον εὔρην πεπυκάδμενον

Es heißt, einmal habe Leda ein hyazinthfarbiges
Ei gefunden, versteckt

167 Voigt

gl^xd

ὠΐω πόλυ λευκότερον

ich meine viel weißer

168 Voigt

sapph. Strophe

ὢ τὸν Ἄδωνιν

o, den Adonis

168A Voigt

gl?

Γέλλως παιδοφιλωτέρα

Mehr als Gello steht sie auf junge Männer

168B Voigt

^hipp ||

⊗ δέδυκε μὲν ἀ σελάννα
καὶ Πληΐαδες· μέσαι δὲ
νύκτες· παρὰ δ᾽ ἔρχεθ᾽ ὤρα,
ἐγὼ δὲ μόνα κατεύδω.

⊗ Es versank die Mondgöttin,
und auch die Pleiaden; es ist Mitte
der Nacht; es vergeht die Zeit,
und ich schlafe allein.

Mond und Pleiaden (Fr. 168B Voigt)

Dies ist die zu Recht berühmte und in der nachfolgenden Dichtung oft imitierte Beschreibung einer Nacht, in der nach dem Untergang des Mondes und der Pleiaden Sappho ihr einsames Schlafen, d. h. die Abwesenheit eines der Thiasos-Mädchen, zu bedauern scheint. Gegen die Echtheit dieses wahrscheinlich vollständig überlieferten Fragments wurden vor allem in den Anfängen der philologischen Auseinandersetzung antihistorische Einwände erhoben, welche einer richtigen, moralisch vorurteilsfreien Deutung ebenso im Wege stehen wie unnötige Rückgriffe auf eine andere Sprecherin als die Dichterin selbst. Viel diskutiert wurde die Bedeutung von V. 3 παρὰ δ᾽ ἔρχεθ᾽ ὤρα, wobei »Zeit« hier nicht im absoluten Sinn zu verstehen ist, sondern relativ, auf die Nachtruhe bezogen.

168C Voigt

alk. Strophe?

ποικίλλεται μὲν
γαῖα πολυστέφανος

und buntscheckig wird
die vielbekränzte Erde

Ungebräuchliche Einzelwörter, die bei anderen Autoren unter Sapphos Namen zitiert werden

169 Voigt

ἀγαγοίην

möge ich führen

169A Voigt

ἀθρήματα

Hochzeitsgeschenke

170 Voigt

Αἶγα

Aiga

171 Voigt

ἄκακος

ohne Bosheit

172 Voigt

ἀλγεσίδωρος

Schmerzgebender (*Eros*)

173 Voigt

ἀμαμάξυδ(-ος, -ες)

Weinberg

174 Voigt

[ἀμάρα]

Graben
(Vgl. Voigt zur Stelle)

175 Voigt

αὔα

Morgendämmerung

176 Voigt

βάρβιτος. βάρωμος. βάρμος.

Barbitos, Baromos, Barmos

177 Voigt

βεῦδος

Gewändchen (?)

178 Lobel–Page = 168A Voigt

179 Voigt

γρύτα

Täschchen

180 Voigt

Ἕκτωρ

Hektor

181 Voigt

ζάβατον

durchfahrbar

182 Voigt

ἰοίην

möge ich gehen

183 Voigt

κατώρης oder κατάρης

von oben wehender (*Wind*)

184 Voigt

κίνδυν

Gefahr

185 Voigt

μελίφωνος

honigstimmig

186 Voigt

μήδεϊα

keine

187 Voigt

Μοισάων

der Musen

188 Voigt

μυθόπλοκος

Redeflechtender (*Eros*)

189 Voigt

νίτρον

Nitron

190 Voigt

πολυίδριδι

dem/der Vielwissenden

191 Voigt

σέλιν<ν>α

Apion

192 Voigt

χρυσαστράγαλοι φίαλαι

phalanxförmige goldene Krüge

197 Voigt

Der Ausdruck νύκτα … διπλασίαν, den Libanios Sappho in Fr. 197 Voigt zuschreibt, ist vermutlich erotischer Natur (zahlreiche ähnliche Passagen in der späteren Literatur sprechen für diese Interpretation).

Die »neue (und die alte) Sappho« (PKöln inv. 21351+21376r)

Ein neuer Sappho-Papyrus, der aus einer ins frühe 3. Jahrhundert v. Chr. datierbaren Mumienkartonage gewonnen wurde und der aus zwei nicht aneinander anschließenden Fragmenten besteht, enthält Teile von insgesamt drei verschiedenen Gedichten (Erstedition in Gronewald/Daniel 2004a und Gronewald/Daniel 2004b). Die ersten acht Zeilen der ersten Kolumne des Papyrus (PKöln 21351,1–8) sind die Schlussverse eines bislang unbekannten sapphischen Gedichts, das als »Jenseitsgedicht« zu identifizieren ist. In der Fortsetzung der ersten Kolumne (PKöln 21351,9–12) sowie am Anfang der zweiten Kolumne (PKöln 21376r,1–8) lässt sich ein zweites Gedicht erkennen, welches das bereits bekannte Fr. 58 Voigt über 12 Zeilen auf der linken Seite beträchtlich ergänzt, wobei die letzten vier Verse von Fr. 58 (23–26) im neuen Papyrus fehlen. Die in der zweiten Kolumne sich daran anschließenden Fragmente (PKöln 21376r,9–21) gehören hingegen zu einem dritten lyrischen Gedicht erotischen Stoffs (Erstedition in Gronewald/Daniel 2005), für dessen Autorschaft Sappho aus verschiedenen Gründen (dialektaler, metrischer und zum Teil lexikalischer Natur) nicht in Frage kommt (vgl. zuletzt Puglia 2008). Als thematischen Leitfaden, der die beiden sapphischen Gedichte mit dem anonymen dritten verbindet, nennt Rawles 2006 das Interesse für die Musik, das im letzten Fragment durch Orpheus suggeriert sein könnte. Es folgt hier der Text dieses dritten Fragments, dessen Bezug zu Sappho zwar naheliegt, sich jedoch nicht nachweisen lässt. Nach einer längeren Anrede an einen Jungen, in der sich beschimpfende Epitheta häufen, folgen Hinweise auf das Sternenlicht und die feuerglänzende Sonne, während am Schluss von Orpheus und von einem handelnden femininen Subjekt die Rede ist, das wohl wie der mythische Sänger die Leier handhabt:

ψιθυροπλόκε δόλιε μύθων ὰ̣ὐτουργ[(έ)
ἐπίβουλε παῖ ⟦β̣οτ̣ο.⟧ [.] ` ´ . . γε[. . .]ακ[. .].[
ἑταῖρε ἀφέρπω: δ[
[.] . . . . : (?) . . [
[.] . . ν: (?) ἄπ̣νους πρ . [
[φ]ά̣ο̣ς ἀστέρων τε[
[τ]ὸ̣ πυριφεγγὲς ἀελ̣[
[.] . πᾶς ἀκούω: θ . . [Οἰά]-
[γ]ρ̣ου κόρον Ὀρφέα κ̣[
[ἑρ]πετὰ πάντα κ[
[. .] . τὰν ἐρατὰν λα[
[εὔ]φθογγον λύραν . . [
[συ]νεργὸν ἔχοισα π . . [

Du Verleumdungsspinner, betrügerischer Gerüchteschöpfer,
heimtückischer Junge …
Gefährte, ich haue ab …
…
… atemlos …
Licht der Sterne …
der Feuerglanz der Son[ne …
ganz höre ich … [des Oia-
gros Sohn Orpheus …
das ganze Getier …
… die liebreizende gen[ommen …
[wohl]tönende Leier …
[Mit]helferin habend …

PKöln 21351,1–8

]. ο .[
]. υχ̣ . .[
]. νῦν θ̣α̣λ̣[ί]α̣γ .[
]. γ̣έρθε δὲ γᾶς γέ̣ .[. . .]. .
]. . ν̣ ἔχ̣ο̣ι̣σαγ γ̣έρας ὠ̣ς [ἔ]ο̣ικε̣ν̣
]. οιεν, ὠς νῦν ἐπὶ γᾶς ἔοισαν
]λιγύ̣ραν, [α]ἴ̣ κεν ἔλοισα πᾶκτιν
]. . . . α. κ̣άλα, Μοῖσ᾽, ἀείδω

…
…
… nun ein Fest (*sei*) …
… und unter der Erde …
… mit der Begünstigung [der Musen?], wie sich gehört
… *mögen sie bewu*]*ndern*, so wie nun, wo ich auf der Erde bin
… helltönende, möge sie, eine Pektis genommen,
… Schönes, o Muse, möge ich besingen

Das Jenseitsgedicht (PKöln 21351,1–8)

Hier stellt sich die Dichterin vor, sie werde nach ihrem Tod ebenso geehrt sein wie im Leben; zwischen den Aussagen über das Leben in V. 6 und 8 finden sich Gedanken über Tod und Ehre in V. 7 f., die in dem Bild der Dichterin gipfeln, welche die

Harfe (Pektis) spielt und singt, um am Ende die Muse anzureden (V. 8). Die Situation der Dichterin im Leben wird also mit jener der Zukunft unter der Erde verglichen, was zu einer erneuten Diskussion über Sapphos Verhältnis zu Gottheiten wie den Musen oder Aphrodite und die damit verbundenen eschatologischen Erwartungen führt (dafür plädieren ausdrücklich Hardie 2005, Ferrari 2005, Rawles 2006 und Ferrari 2007, 70 ff.). Zeigten die bisher bekannten Fragmente, dass sich Sappho von der Musenverehrung posthume Vorteile für ihren Kreis versprach und dass die verwendete Kultsprache die Topik der literarischen Unsterblichkeit wiederbelebte, so lassen die neuen Entdeckungen eine poetisch-musikalische Kontinuität noch in der Unterwelt erahnen. Nicht zu unterschätzen ist die Bedeutung des schönen Gesangs im letzten Vers, wobei die Fokussierung auf die gegenwärtige, irdische Situation auch an die Aussagen in Fr. 147 und 160 Voigt erinnert (vgl. Di Benedetto 2005). Eine Emphatisierung der Ruhmeserwartung noch zu Lebzeiten erschiene auch nicht fehl am Platz (so die nuancierte Meinung von West 2005). Ein Vergleich mit den anderen »eschatologischen« Fragmenten Sapphos (Fr. 55, 65 und 150 Voigt) ergab aufschlussreiche Ergebnisse (Bettarini 2008). Nach einer Rekonstruktion (Di Benedetto 2005: κῆ μοισοπόλων ἔσ]λον, V. 4; ψῦχαι κέ με θαυμά]ζοιεν, V. 5; φάινειν δὸς ἀοίδαν] λιγύραν, V. 7) würde Sappho auch im Jenseits das Privileg der Pflegerinnen der Musen beibehalten und somit die Bewunderung der Seelen gewinnen. Mit einigen Textergänzungen (West 2005), wobei die Existenz eines singulären Musenanrufs in V. 8 jedoch bestritten wird (es wird θαλάμοις ἀείδω gelesen), würde sich Sappho demnach großen posthumen Ruhm (κλέος μέγα Μοίσει]ον, V. 4) sowie die allgemeine Bewunderung im Hades wünschen (πάνται με θαυμά]ζοιεν, V. 5) – in Kontinuität zu den Lebzeiten, in denen sie den Ruf einer »helltönenden Schwalbe« hatte (κάλεισι χελίδω] λιγύραν, V. 7). Eine Parallele lässt sich u. a. bei Horaz feststellen (*c.* III 30; vgl. Di Benedetto 2005).

Das Kölner Papyrusfragment (Erstveröffentlichung 2004), mit dessen Hilfe jetzt Sapphos »Altersgedicht« (Fr. 58 Voigt) fast vollständig rekonstruiert werden kann.

PKöln inv. 21351+21376r (~ Fr. 58 Voigt)

col. I

11]οκ[ό]λπων κάλα δῶρα, παῖδες,
12]ν φιλάοιδον λιγύραν χελύνναν·
13 ⸤ποτ᾽ [ἔ]ο⸥ντα χρόα γῆρας ἤδη
14 ἐγ]⸤ένο⸥ντο τρίχες ἐκ μελαίναν

col. II

15 ⸤βάρυς δέ μ᾽ ὀ [θ]ῦμος πεπόητ⸥αι, γόνα δ᾽ ⸤οὐ⸥ φέροισι,
16 ⸤τὰ δή ποτα λαίψηρ᾽ ἔον ὄρχ⸥ησθ᾽ ἴσα νεβρίοισιν,
17 ⸤†τὰ† στεναχίζω θαμέως· ἀ⸥λλὰ τί κεν ποείην;
18 ἀγήραον ἄνθρωπον ἔοντ᾽ οὐ δύνατον γένεσθαι.
19 καὶ γάρ π[ο]τα Τίθωνον ἔφαντο βροδόπαχυν Αὔων
20 ἔρωι φ. .αθεισαν βάμεν᾽ εἰς ἔσχατα γᾶς φέροισα[ν,
21 ἔοντα [κ]άλον καὶ νέον, ἀλλ᾽ αὖτον ὔμως ἔμαρψε
22 χρόνωι πόλιον γῆρας, ἔχοντ᾽ ἀθανάταν ἄκοιτιν.

11 *Nach der* veilchenbrüstigen *Musen* schönen Geschenken, *ihr* Mädchen,

12 *strebt eifrig und nach der* liedliebenden helltönenden Leier:

13 *Die* vormals *zarte* Haut *hat mir* das Alter nunmehr

14 gefangen, und weiß sind die Haare geworden von schwarz;

15 und schwer ist mein Gemüt gemacht, und die Knie tragen (mich) nicht,

16 die einmal wendig waren, zum Tanzen, den Rehlein ähnlich.

17 Diese Dinge beklage ich häufig; aber was soll ich denn tun?
18 Nicht-alternd kann ein Mensch unmöglich werden.
19 Denn von Tithonos erzählte man, einst sei die rosenarmige Eos
20 vor Liebe ... bis zu den Grenzen der Erde gegangen und habe ihn getragen,
21 und er war schön und jung, auch ihn ergriff jedoch
22 mit der Zeit das ergraute Alter, ihn, der eine unsterbliche Gefährtin hatte.

Das Altersgedicht (PKöln 21351+21376r ~ Fr. 58 Voigt)

Hier redet Sappho zunächst die Mädchen ihres Kreises an, um dann die Symptome ihres Alterns aufzuzählen und sich selbst zum Schluss resigniert zu trösten: Der Mensch bleibe vom Alter nicht verschont, wie das mythologische Paradigma der unglücklichen Beziehung zwischen Eos und Tithonos bezeugt. Die Übersetzung der ersten drei Versanfänge basiert auf einer plausiblen Rekonstruktion (West 2005: ὔμμες πεδὰ Μοίσαν ἰ]οκ[ό]λπων κάλα δῶρα, παῖδες, / σπουδάσδετε καὶ τὰ]ν φιλάοιδον λιγύραν χελύνναν· / ἔμοι δ' ἄπαλον πρίν] ποτ' [ἔ]οντα χρόα γῆρας ἤδη / ἐπέλλαβε, λεῦκαι δ' ἐγένοντο τρίχες ἐκ μελαίναν). Ob die Präsenz des Tithonos mit dessen Verwandlung in eine Zikade kombiniert war, sei dahingestellt, wobei es nicht auszuschließen ist, dass diese mythologische Gestalt bereits zu Sapphos Zeit nicht nur für das hohe Alter stand, sondern auch für die Kontinuität des Gesangs *trotz* des hohen Alters, und zwar mit Vorteilen (die poetische Tätigkeit setzt sich fort) und Nachteilen (auch die Zuhörer werden alt wie der Sänger). Dies würde den Schluss nahelegen, dass das Verwandlungsmotiv, auch wenn es im Fragment nicht angedeutet ist, die natürliche Verbindungslinie zwischen den Elementen des Gedichts – Gesang, Musik, Alter – bildet (Rawles 2006; für Bernsdorff 2004 zählt die Schwermut von V. 15 zu den ansonsten körperlichen Symptomen des Alters, und in Kombination mit den »Knien« scheint sie unter dem Einfluss der Altersbeschreibung in Homer, *Ilias* 4,313 ff. und 19,162 ff. zu stehen). Ein gewichtiges und weiterhin offenes Problem ist die Frage, ob das Gedicht mit V. 22 (wie im Kölner Papyrus) oder erst vier Verse später (wie im Oxyrhynchos-Papyrus, Fr. 58 Voigt) endet. Eine direkt damit verbundene Frage ist der Gedichtanfang mit einer Aussage in der ersten oder in der zweiten Person (V. 11 bzw. 12 von Fr. 58 Voigt).

Für den Gedichtschluss bieten sich grundsätzlich drei Erklärungsmöglichkeiten an:

1) Im Kölner Papyrus wurde nur ein Teil des Gedichts abgeschrieben, das im Oxyrhynchos-Papyrus (Fr. 58 Voigt) bis zum Ende vorliegt (so Daniel/Gronewald 2004, Edmunds 2006). 2) Es ist anzunehmen, dass auch der Oxyrhynchos-Papyrus mit V. 22 endet und dass die folgenden vier Verse zu einem anderen Gedicht gehören (so u. a. Di Benedetto 2004 und West 2005). 3) Beide Versionen (mit und ohne die

vier Verse) könnten in hellenistischer Zeit noch vorhanden gewesen sein. Ein offenes Ende (mit dem Tithonos-Mythos und ohne die vier Verse) liegt vor allem aufgrund zahlreicher Parallelen für »offene Gedichtschlüsse« nahe (vgl. Bernsdorff 2005).

LITERATURHINWEISE

Textausgaben

Der Text der vorliegenden Tusculum-Ausgabe folgt der kritischen Edition von E.-M. Voigt.

Davies, M.: Poetarum melicorum Graecorum fragmenta, Oxford 1991 (abgekürzt: PMGF).

Ferrari, F.: Saffo. Poesie. Introduzione di V. Di Benedetto, traduzione e note di F. F., Milano 1987.

Lobel, E./Page, D.: Poetarum Lesbiorum fragmenta, Oxford 1955.

Page, D.: Poetae melici Graeci, Oxford 1962 (abgekürzt: PMG).

Staiger, E.: Sappho. Griechisch und deutsch, Zürich 1957.

Treu, M.: Sappho: Lieder. Griechisch und deutsch, München 1954, ^{8}1991.

Voigt, E.-M.: Sappho et Alcaeus. Fragmenta, Amsterdam 1971.

Ausgewählte Literatur

Bagordo, A.: Sappho, in: B. Zimmermann (Hg.), Geschichte der griechischen Literatur. Bd. 1 (Handbuch der Altertumswissenschaft), München 2010.

Bagordo, A.: Sappho, in: Ch. Walde (Hg.), Der Neue Pauly. Supplemente Bd. 7: Die Rezeption der antiken Literatur. Kulturhistorisches Werklexikon, Stuttgart/Weimar 2010.

Bernsdorff, H.: Schwermut des Alters im neuen Kölner Sappho-Papyrus, Zeitschrift für Papyrologie und Epigraphik 150, 2004, 27–35.

Bernsdorff, H.: Offene Gedichtschlüsse, Zeitschrift für Papyrologie und Epigraphik 153, 2005, 1–6.

Bessone, F.: Saffo, la lirica, l'elegia: su Ovidio, *Heroides* 15, Materiali e discussioni per l'analisi dei testi classici 51, 2003, 209–243.

Bettarini, L.: Saffo e l'aldilà in P.Köln 21351, 1–8, Zeitschrift für Papyrologie und Epigraphik 165, 2008, 21–31.

Bierl, A.: »Ich aber (sage), das Schönste ist, was einer liebt!«: Eine pragmatische Deutung von Sappho Fr. 16 LP/V., Quaderni Urbinati di Cultura Classica n.s. 74, 2003, 91–124.

Bonanno, M.G.: Osservazioni sul tema della ›giusta‹ reciprocità amorosa da Saffo ai comici, Quaderni Urbinati di Cultura Classica 16, 1973, 110–120.

Bowie, A.M.: The Poetic Dialect of Sappho and Alcaeus, Salem, NH 1981.

Burnett, A.P.: Three Archaic Poets: Archilochus, Alcaeus, Sappho, London 1983.

Burzacchini, G.: Fenomenologia innodica nella poesia di Saffo, Eikasmós 16, 2005, 11–39.

Di Benedetto, V.: Osservazioni sul nuovo papiro di Saffo, Zeitschrift für Papyrologie und Epigraphik 149, 2004, 5–6.

Di Benedetto, V.: La nuova Saffo e dintorni, Zeitschrift für Papyrologie und Epigraphik 153, 2005, 7–18.

Eisenberger, H.: Der Mythos in der äolischen Lyrik, Frankfurt a.M. 1956.

Ferrari, F.: Saffo: nevrosi e poesia, Studi Italiani di Filologia Classica 3ª ser. 19, 2001, 3–31.
Ferrari, F.: Il pubblico di Saffo, Studi Italiani di Filologia Classica 4ª ser. 1, 2003, 42–89.
Ferrari, F.: Contro Andromeda: recupero di un' ode di Saffo, Materiali e discussioni per l'analisi dei testi classici 55, 2005, 13–30.
Ferrari, F.: Una mitra per Kleis. Saffo e il suo pubblico, Pisa 2007.
Gentili, B.: La veneranda Saffo, Quaderni Urbinati di Cultura Classica 2, 1966, 37–62 (= Poesia e pubblico nella Grecia antica, Roma – Bari 1989², 285–294).
Gentili, B.: L'interpretazione dei lirici greci arcaici nella dimensione del nostro tempo, Quaderni Urbinati di Cultura Classica 8, 1969, 7–21.
Gerber, D.E.: Greek Lyric Poetry since 1920. Part I: General, Lesbian Poets, Lustrum 35, 1993, 35–179.
Giebel, M.: Sappho, Reinbek 1980, ⁷2002.
Greene, E. (Hg.): Reading Sappho. Contemporary Approaches, Berkeley, CA 1996.
Greene, E. (Hg.): Re-Reading Sappho. Reception and Transmission, Berkeley, CA 1996.
Greene, E./Skinner, M.B. (Hg.): The New Sappho on Old Age: Textual and Philosophical Issues, Washington, DC/Cambridge, MA 2009.
Gronewald, M./Daniel, R.W.: Ein neuer Sappho-Papyrus, Zeitschrift für Papyrologie und Epigraphik 147, 2004a, 1–8.

Gronewald, M./Daniel, R.W.: Nachtrag zum neuen Sappho-Papyrus, Zeitschrift für Papyrologie und Epigraphik 149, 2004b, 1–4.

Gronewald, M./Daniel, R.W.: Lyrischer Text (Sappho-Papyrus), Zeitschrift für Papyrologie und Epigraphik 154, 2005, 7–12.

Hardie, A.: Sappho, the Muses, and Life After Death, Zeitschrift für Papyrologie und Epigraphik 154, 2005, 13–32.

Latacz, J.: Realität und Imagination. Eine neue Lyrik-Theorie und Sapphos κῆνος-Lied, Museum Helveticum 42, 1985, 67–94.

Merkelbach, R.: Sappho und ihr Kreis, Philologus 101, 1957, 1–29.

Meyerhoff, D.: Traditioneller Stoff und individuelle Gestaltung. Untersuchungen zu Alkaios und Sappho, Hildesheim 1984.

Most, G.W.: Reflecting Sappho, Bulletin of the Institute of Classical Studies 40, 1995, 15–38.

Page, D.: Sappho and Alcaeus. An Introduction to the Study of Ancient Lesbian Poetry, Oxford 1955.

Parker, H.N.: Sappho Schoolmistress, Transactions and Proceedings of the American Philological Association 123, 1993, 309–351.

Parker, H.N.: What Lobel hath joined together: Sappho 49 LP, Classical Quarterly n.s. 56, 2006, 374–392.

Privitera, G.A.: La rete di Afrodite. Studi su Saffo, Palermo 1974.

Puglia, E.: Appunti sul nuovo testo lirico di Colonia, Zeitschrift für Papyrologie und Epigraphik 164, 2008, 11–18.

Rawles, R.: Notes on the Interpretation of the »New Sappho«, Zeitschrift für Papyrologie und Epigraphik 157, 2006, 1–7.

Rösler, W.: Realitätsbezug und Imagination in Sapphos Gedicht φαίνεταί μοι κῆνος, in: W. Kullmann/M. Reichel (Hg.), Der Übergang von der Mündlichkeit zur Literatur bei den Griechen, Tübingen 1990, 271–287.

Rüdiger, H.: Sappho. Ihr Ruf und Ruhm bei der Nachwelt, Leipzig 1933.

Saake, H.: Sapphostudien: Forschungsgeschichtliche, biographische und literarästhetische Untersuchungen, Paderborn 1972.

Schadewaldt, W.: Sappho. Welt und Dichtung – Dasein in der Liebe, Berlin 1950.

Snell, B.: Sapphos Gedicht Φαίνεταί μοι κῆνος, Hermes 66, 1931, 71–90 (= Gesammelte Schriften, Göttingen 1966, 82–97).

Tzamali, E.: Syntax und Stil bei Sappho, München 1996.

Weißenberger, M.: Liebeserfahrung in den Gedichten Sapphos und das Problem des Archaischen, Rheinisches Museum 134, 1991, 209–237.

West, M.L.: Burning Sappho, Maia n.s. 22, 1970, 307–330.

West, M.L.: The New Sappho, Zeitschrift für Papyrologie und Epigraphik 151, 2005, 1–9.

Wilamowitz-Moellendorff, U. v.: Sappho und Simonides, Berlin 1913.

Yatromanolakis, D.: Sappho in the Making. The Early Reception, Cambridge, MA/ London 2007.

Yatromanolakis, D.: Fragments of Sappho: A Commentary, Cambridge, MA/London 2008.

FSC
www.fsc.org
MIX
Papier | Fördert
gute Waldnutzung
FSC® C083411

Zeitfracht Medien GmbH
Ferdinand-Jühlke-Straße 7
99095 Erfurt, Deutschland
produktsicherheit@kolibri360.de